AF623707

द
21 सक्सेस सिक्रेट्स ऑफ़
सेल्फ़-मेड मिलियनैर्स

ब्रायन ट्रेसी अमेरिका के श्रेष्ठ प्राधिकारियों में एक हैं जो मानव क्षमता और कार्य साधकता पर काम कर रहे हैं। वो एक सक्रिय और प्रेरणापद वकता हैं जो हर साल 250,000 लोगों को व्यक्तिगत और व्यवसायिक सफ़लता पर रास्ता दिखा रहे हैं—इनमें *आई.बी.एम., आर्थर एण्डर्सन, मैकडोन्नल डगलस* और *द मिलियन डॉलर राउण्ड टेबल* के स्टाफ और प्राधिकारी भी शामिल हैं। अपनी कम्पनी ब्रायन ट्रेसी इण्टरनेशनल बनाने के पहले ब्रायन ट्रेसी का सेल्स, मार्केटिंग, इन्वेस्टमेन्ट, रियल इस्टेट डेवेलपमेट, डिस्ट्रिब्यूशन, मैनेजमेन्ट और कंसलटिंग में सफ़ल करियर था। ब्रायन ट्रेसी की बेस्ट सेलिंग बुक हैं—*अनब्रेकेबल लॉ'स ऑफ़ बिजनेस सक्सेस* तथा *मैक्सिमम अचीवमेंट* और बहुत सारे बेस्ट सेलिंग ऑडियो कैसेट्स प्रोग्राम जिनमें *साइक्लॉजी ऑफ़ अचीवमेंट* तथा *हाऊ टू स्टार्ट एण्ड सक्सीड इन योर ओन बिजनेस* शामिल हैं।

द 21 सक्सेस सिक्रेट्स ऑफ़ सेल्फ़-मेड मिलियनैर्स

वित्तीय स्वतन्त्रता कैसे जल्दी व आसानी से पायें

ब्रायन ट्रेसी

अनुवाद : सुष्मिता राय

हार्परकॉलिंस पब्लिशर्स इंडिया

हार्पर हिन्दी
(हार्परकॉँलिंस पब्लिशर्स इंडिया) द्वारा 2022 में प्रकाशित
बिल्डिंग नं. 10, टावर A, 4th फ्लौर
डीएलएफ साइबर सिटी, फेज II, गुरूग्राम 122002, भारत
www.harpercollins.co.in

P-ISBN: 978-93-5136-326-2
E-ISBN: 978-93-5136-327-9

17th impression 2025

हार्पर हिन्दी हार्परकॉलिंस पब्लिशर्स इंडिया का हिन्दी सम्भाग है

टाइपसेटिंग : निओ साफ़्टवेयर कन्सलटैंट्स, इलाहाबाद
मुद्रक : रैप्लिका प्रैश प्राईवेट लिमिटेड

HarperCollins *Publishers* , Macken House, 39/40 Mayor Street Upper, Dublin 1, D01 C9W8, Ireland

विषय-सूची

भूमिका 7

परिचय : लॉ ऑफ़ कॉज़ एण्ड इफेक्ट 9

सफ़लता रहस्य

1. बड़े सपने देखें 13
2. आपको किस दिशा में जाना है, उसे जानें 17
3. ख़ुद को एक सेल्फ-एम्प्लायड की तरह देखें 21
4. वो काम करें जो करना आपको पसन्द है 24
5. बहुत अच्छा करने का वचन लें 27
6. देर तक और परिश्रम से काम करें 30
7. जीवन भर सीखने के लिए ख़ुद को समर्पित करें 33
8. ख़ुद को सबसे पहले पे करें 37
9. अपने व्यवसाय के हर पहलू को सीखें 40
10. ख़ुद को दूसरों की सेवा में समर्पित करें 43
11. ख़ुद के साथ और अन्य लोगों के साथ पूरी तरह से ईमानदार बनें 46

12. अपनी प्रमुख प्राथमिकता चुनें और उस पर एकाग्रता से काम करें 49
13. विश्वसनीयता और शीघ्रता के लिए अपनी प्रतिष्ठा बनायें 52
14. शिखर से शिखर तक चढ़ने के लिए तैयार रहिये 55
15. हरेक चीज़ों में स्व-अनुशासन का अभ्यास करें 57
16. अपनी स्वभाविक सृजनात्मकता को बाहर निकालें 60
17. सही लोगों के साथ रहें 63
18. अपने स्वास्थ्य का अच्छा खयाल रखें 66
19. निर्णायक और कर्मठ बनें 69
20. असफ़लता को अपना विकल्प कभी न बनाये 71
21. दृढ़ता परीक्षा पास करें 74
निष्कर्ष : सफ़लता अवश्यम्भावी है 78
लेखक के बारे में 80
द मिलियनैर्स मेकर सेमिनार 83
ब्रायन ट्रेसी : वक्ता, ट्रेनर, सेमिनार लीडर 84

भूमिका

ये किताब 15 सालों के रिसर्च का नतीजा है जिसका विषय है स्वनिर्मित करोड़पति बनने के लिए शिक्षण और व्यक्तिगत अनुभव। इन पन्नों में पैसे जमा करने की कुछ महत्वपूर्ण सुझाव और योजनायें हैं जो मैंने 100 किताबें और 1000 लेख पढ़ने के बाद खोजा है। ये सुझाव काफी सरल और प्रमाणित हैं और इसे काफी आसान तरीके से बताया गया है ताकि आप इसे पढ़कर, सीखकर तुरन्त लागू कर सकें।

मेरी किशोरावस्था पोमोना (कैलिफोर्निया) में एक ऐसे घर में बीती जहाँ कभी बहुत पैसे नहीं थे। एक करोड़पति बनने का सपना, मेरा तब से है जब मैं 30 साल का था। मुझे विश्वास है कि बहुतों का ये सपना है।

जब मैं 30 का हुआ, उस समय भी मैं उतना ही टूटा हुआ था जितना 20 की उम्र में था। लेकिन तब मैंने कुछ ऐसा किया जिससे मेरा जीवन बदल गया। मैंने ये सवाल करना शुरू किया कि कुछ लोग ज़्यादा सफ़ल क्यों होते हैं? मुझे ये जानने की उत्सुकता थी कि कुछ नहीं से शुरू करके कुछ लोग करोड़पति कैसे बन जाते हैं।

इन सवालों के जवाब पर मैंने अन्वेषण करना शुरू किया और ये किताब उसका परिणाम है।

मैंने स्वनिर्मित करोड़पतियों के अध्ययन को प्रमुख लक्ष्य बनाया क्योंकि इन लोगों ने कुछ ख़ास गुण और स्वभाव को परिभाषित किया है जो मापणीय और विचारयोग्य है। इन लोगों ने कुछ नहीं से शुरुआत करके करोड़ों रुपये बनाये। कुछ ख़ास चीज़ों को ख़ास तरीकों से किया।

जो मैंने सीखा वो था जीवन में महान सफ़लता के लिए आपको एक ख़ास तरह का इन्सान बनना होगा। भीड़ से हटने के लिए आपको अपने अन्दर गुण और अनुशासन लाना होगा जो आम इन्सान नहीं कर पाते।

जीवन में आर्थिक सफ़लता का सबसे महत्वपूर्ण तत्व पैसा नहीं है। आपको इन पैसों को कमाने के लिए किस तरह का इन्सान बनना है और फिर इसे सम्भालने के लिए क्या करना है।

जीवन के हर क्षेत्र में सफ़लता के लिए ये 21 रहस्यमयी सूत्र हैं। अच्छी ख़बर ये है कि ये सिद्धान्त इतने बलशाली हैं कि आप कुछ भी पाने के लिए इसका इस्तेमाल कर सकते हैं। इनमें से बहुत-सी टेक्नीक और तरीके आपको जाने पहचाने लगेंगे। ये इसलिए क्योंकि इसकी खोज 100 सालों से हो रही है। मैं ख़ुद को सफ़लता का विद्यार्थी मानता हूँ, एक पाठक, एक अन्वेषक, एक अध्यापक समझता हूँ। जैसा कि ऐक्लासियेटस में कहा गया—सूरज के नीचे कुछ नया नहीं है, मैं इसे मानता हूँ।

चूँकि आप ये किताब पढ़ रहे हैं, मैं जानता हूँ कि आप जीवन में कुछ असाधारण चाहते हैं। आप अपनी क्षमता को जानिये। इनमें से हर रहस्य आपको एक बहुत अच्छे जीवन की ओर बहने में मदद करेगा। आप वो सब कुछ पायेंगे जो आप चाहते हैं। इस सफ़र का आनन्द लें।

परिचय : लॉ ऑफ़ कॉज़ एण्ड इफेक्ट

जो आप सीखने वाले हैं, उससे आपका जीवन बदल सकता है। ये सुझाव, निरीक्षण और कार्यनीति लाखों महिलाओं और पुरुषों के लिए आर्थिक सफ़लता में आगे बढ़ने की प्रेरणा रहे हैं। ये सिद्धान्त काफी सरल और लागू करने में आसान हैं। इन्हें बार-बार प्रमाणित किया जा चुका है। अगर आप इसे ख़ुद के जीवन में इस्तेमाल करते हैं तो ये आपके लिए भी काम करेंगे।

हमलोग मानव इतिहास के सबसे अच्छे समय में जी रहे हैं। अपनी कल्पना से भी परे आज बहुत से लोग शून्य से शुरू करके धनी हो रहे हैं। अमेरिका में 7 मिलियन करोड़पति हैं और उनमें से ज़्यादातर स्वनिर्मित करोड़पति। ये आंकड़ा 15 से 20 प्रतिशत की दर से हर साल बढ़ रहा है। यहाँ तक कि हमारे पास 10 स्वनिर्मित करोड़पति, 100 करोड़पति और 200 अरबपति हैं। इतिहास में हमने कभी इतनी सम्पत्ति एक साथ नहीं देखी।

यहाँ एक अच्छी ख़बर है। वास्तव में सभी शून्य से शुरुआत करते हैं। आज के 90 प्रतिशत से ज़्यादा आर्थिक रूप सफ़ल लोगों ने बहुत कम

से शुरुआत की। औसतन स्वनिर्मित करोड़पति 3.2 बार दिवालिया हो चुके हैं।

ज़्यादातर धनी लोग सही मौका पाने और करोड़पति बनने से पहले बहुत बार असफ़ल होते हैं। जो हज़ारों-लाखों लोगों ने किया, आप भी कर सकते हैं।

इंसानी किस्मत का सबसे मज़बूत कानून है लॉ ऑफ़ कॉज़ एण्ड इफ़ेक्ट। ये बिल्कुल सहज है, किन्तु शक्तिशाली। ये कहता है कि हर वजह का एक ख़ास परिणाम होता है। हर एक्शन का रियेक्शन होता है। ये लॉ कहता है, सफ़लता कोई घटना नहीं है। आर्थिक सफ़लता उन कोशिशों का नतीजा होती है, जो आप बार-बार लक्ष्य हासिल होने तक करते हैं।

प्रकृति सबके लिए निष्पक्ष है। बाज़ार (मार्केट) या समाज को इस बात से कोई फ़र्क नहीं पडता कि आप कौन हैं, क्या हैं। लॉ ऑफ़ कॉज़ एण्ड इफ़ेक्ट कहता है—अगर आप वो करते हैं जो अन्य सफ़ल लोगों ने किया है तो नतीजा आपको भी वो मिलेगा जो अन्य सफ़ल लोगों को मिला।

ये कानून कहता है जब आप स्वनिर्मित करोड़पति बनने के रहस्य सीखते हैं और इसे अपने जीवन में लागू करते हैं तो आपको उससे कहीं ज़्यादा परिणाम और ईनाम मिलेगा जितना आपने सोचा है।

यहाँ आपके याद रखने योग्य एक और बात है। आपसे स्मार्ट और आपसे बेहतर कोई नहीं है। मुझे एक बार फिर दोहराने दीजिये। आपसे स्मार्ट और आपसे बेहतर कोई नहीं है। आर्थिक असफ़लता और लक्ष्य न पाने का एक प्रमुख कारण है अपने अन्दर आत्मविश्वास की कमी। आपको लगता है कि जो आपसे बेहतर कर रहे हैं वो आपसे बेहतर हैं जबकि ऐसा नहीं है।

सच्चाई ये है कि अधिकतर स्वनिर्मित करोड़पति आम इन्सान हैं, उनकी शिक्षा आम है, वो आम काम कर रहे हैं, आम गाड़ी चलाते हैं, आम जगह रहते हैं। लेकिन वे ऐसे काम करते हैं जो अन्य सफ़ल लोग करते हैं। बार-बार करते हैं जब तक कि उन्हें नतीजे न मिल जाये। ये कोई चमत्कारिक घटना नहीं है। जब आप वैसा सोचेंगे, वैसा करेंगे जो सफ़ल लोगों ने किया, तो आपको भी वही नतीजा मिलेगा जो सफ़ल लोगों को मिलता है। ये महज़ लॉ ऑफ़ कॉज़ एण्ड इफ़ेक्ट है।

स्वनिर्मित करोड़पति बनने के 21 रहस्यों में से हर बिन्दु आपकी आर्थिक सफ़लता के लिए अत्यावश्यक है।

अच्छी ख़बर ये है कि बार-बार अभ्यास करके आप ये सीख़ सकते हैं। जब तक कि ये इतना स्वत: न हो जाय जितना कि साँस लेना और छोड़ना जैसे आपने साईकिल चलाना और गाड़ी ड्राइव करना सीखा, आप स्वनिर्मित करोड़पति बनने के तरीके भी सीख़ सकते हैं। इसकी कोई सीमा नहीं। सिवाय उस सीमा के जो आप ख़ुद बनाते हैं ख़ुद की सोच के लिए। अब शुरू करते हैं।

सफलता

1

रहस्य

बड़े सपने देखें

बड़े सपने देखें; केवल बड़े सपनों में ही वो शक्ति है जो इन्सान के मन को आगे बढ़ाता है।

—मार्कस ऑरेशियस

स्वनिर्मित करोड़पतियों का पहला रहस्य बिल्कुल सहज है : **बड़े सपने देखें**!! स्वयं को सपने देखने की अनुमति दें। आप जैसा जीवन व्यतीत करना चाहते हैं उसकी कल्पना करने और सपने देखने की ख़ुद को अनुमति दें। आप कितना पैसा कमाना चाहते हैं, कितना बैंक बैलेन्स चाहते हैं, उसके बारे में सोचें।

सभी सर्वोत्तकृष्ट महिला और पुरुष शुरुआत कुछ अच्छे सपने से करते हैं, ऐसे सपने जो उससे अलग हैं जो आज उनके पास हैं। आपने वो

गाना सुना होगा—सपने बन जायें अपने। ये आपके और सबके लिए सत्य है।

कल्पना करें कि आप जीवन में क्या कर सकते हैं, क्या बन सकते हैं, इस पर कोई पाबन्दी नहीं है। कुछ समय के लिए कल्पना करें कि आपके पास पूरा समय है, काफी पैसे हैं, काफी शिक्षा है, सभी दोस्त हैं, सभी पहुँच है, सभी साधन हैं, और वो सब है जो आप जीवन में हासिल करना चाहते हैं। अगर आपका सामर्थ्य पूरी तरह से असीमित है तो आप अपने और अपने परिवार के लिए कैसा जीवन चाहेंगे?

भविष्य से शुरू करके पीछे देखने का अभ्यास करें। ये एक शक्तिशाली तकनीक है जो हमेशा बहुत अच्छा काम करने वाले महिला और पुरुष द्वारा व्यवहार में लायी जाती है। इस तरह सोचने का आपके दिमाग़ और व्यवहार पर अद्भुत असर होगा। ये इस तरह काम करता है : ख़ुद को पाँच साल आगे रखें। कल्पना करें कि पाँच साल बीत गये और आपका जीवन हर तरह से परफेक्ट है। ये कैसा दिख रहा है? आप क्या कर रहे है? आप कहाँ काम कर रहे हैं? आप कितने पैसे कमा रहे हैं? आपके बैंक में कितने पैसे हैं? आपकी जीवन शैली कैसी है?

ख़ुद के दीर्घकालीन भविष्य का ख़्याल करें। आपके स्वास्थ्य, ख़ुशी और समृद्धता का ख़्याल जितना साफ़ होगा आप उसकी तरफ़ और वो आपके तरफ उतनी तेज़ी से बढ़ेंगे। आप जीवन में कहाँ जा रहे हैं अगर इसकी तस्वीर आपके दिमाग़ में साफ़ होगी तो आप अपने सपने को साकार करने मे ज़्यादा सकारात्मक, उत्साहित और दृढ़ होंगे। आप अपने स्वभाविक संरचनात्मकता को सक्रिय करेंगे और आपको सपने को यथार्थ में बदलने का एक के बाद एक सुझाव मिलेगा।

आपकी प्रवृत्ति हमेशा अपने प्रमुख सपने और ख़्याल की दिशा में

बढ़ने की होती है। ख़ुद को बड़े सपने देखने की अनुमति देना वास्तव में आपके ख़ुद के सम्मान को बढ़ाता है और इससे आप ख़ुद को ज़्यादा पसन्द करते हैं। ज़्यादा आदर देते हैं। ये आपकी सोच और आपके आत्मविश्वास का स्तर बढ़ाता है। ये व्यक्तिगत स्तर पर आपके ख़ुद के लिए सम्मान और ख़ुशी बढ़ाता है। अगर आप सपना देखते हैं तो एक चीज़ बहुत दिलचस्प है इसके बारे में। ये आपको पहले से बेहतर काम करने के लिए उकसाता है, ऐसा काम जो आपने पहले कभी नहीं किया।

यहाँ एक प्रमुख सवाल है आपके लिए, ख़ुद से बार-बार पूछें और जवाब माँगें—अगर मुझे पता है कि मैं असफ़ल नहीं होऊँगा तो वो कौन-सा सपना है जिसे देखने की मैं हिम्मत करूँगा?

अगर आप किसी लक्ष्य की सफ़लता के लिए पूरी तरह से निश्चिन्त हैं, छोटा या बड़ा, दीर्घकालीन या लघुकालीन तो वो क्या होगा। **वो कौन-सा लक्ष्य है जो आप हासिल करने के सपने देखेंगे? अगर आप जानते हैं कि आप असफ़ल नहीं होंगे।**

ये जो भी हो, उसे लिखें और कल्पना करना शुरू करें कि आप उसे पहले से ही हासिल कर चुके हैं। तब पीछे देखें कि आप आज कहाँ हैं? जहाँ आप पहुँचना चाहते थे, उसके लिए आपने क्या किया होगा? आपने उसके लिए क्या कदम उठाये होंगे? अपने जीवन में क्या बदलाव लाये होंगे? किस चीज़ की शुरुआत की होगी और किस चीज़ का अन्त? आप किसके साथ होंगे? अगर आपका जीवन हर तरह से पूर्ण (परफ़ेक्ट) होता तो कैसा होता? इनके जवाब जो भी हों, पहला कदम आज बढ़ायें।

बड़े सपने देखना आपकी आर्थिक स्वतन्त्रता के लक्ष्य को हासिल करने का पहला कदम है। लोग ये नहीं कर पाते। इसका पहला कारण ये है कि वो सोच ही नहीं पाते कि वो कर सकते हैं। परिणामस्वरूप वो कभी कोशिश ही नहीं करते। वो कभी शुरुआत ही नहीं करते। जो कमाते हैं, वो

सारा खर्च कर देते हैं, केवल कुछ बचाकर। लेकिन जब आप आर्थिक स्वतन्त्रता के लिए बड़े सपने देखना शुरू करेंगे, तो आप ख़ुद को और अपने जीवन को देखने का नज़रिया बदल देंगे। आप कुछ अलग काम करना शुरू करेंगे। थोड़ा-थोड़ा करके, धीरे-धीरे जब तक कि आपका जीवन बेहतरी के लिए बदल नहीं जाता। बड़े सपने देखना आर्थिक सफ़लता और स्वनिर्मित करोड़पति बनने का पहला कदम है।

अभ्यास कार्य

अगर आपकी सफ़लता पूरी तरह से तय हो तो आप क्या-क्या करेंगे, उनकी एक सूची बनायें और तब कोई एक काम करने की सोचें और उसे तुरन्त करें।

सफलता
2
रहस्य

आपको किस दिशा में जाना है, उसे जानें

एक इन्सान एक स्पष्ट प्रयोजन के साथ ऊबड़-खाबड़ रास्ते में भी उन्नति कर लेगा। लेकिन अगर प्रयोजन स्पष्ट न हो तो अच्छे रास्ते पर भी उन्नति नहीं होगी।

—थॉमस कैराइल

अपने सपनों को हवा से बाहर निकालें। उसे स्पष्ट, ख़ास, लिखित लक्ष्य में एक निश्चित रूप दें। शायद मानव इतिहास में सबसे महत्वपूर्ण खोज यही

है कि **आप ज़्यादातर समय वही बनते हैं जो आप सोचते हैं।** दो बातें किसी भी चीज़ से अधिक महत्वपूर्ण हैं। पहला, जीवन में आपके साथ वही होता है जो आप सोचते हैं और दूसरा आप उस बारे में कैसे सोचते हैं।

सफ़ल व्यक्ति ज़्यादातर समय अपने लक्ष्य के बारे में सोचते हैं। परिणामस्वरूप वो लगातार अपने लक्ष्य की ओर बढ़ते हैं और लक्ष्य उनकी ओर। आप जीवन में ज़्यादातर समय जिस बारे में सोचते हैं, आपके जीवन में उसका विकास बढ़ता जाता है। अगर आप अपने लक्ष्य के बारे में सोचते हैं, बातें करते हैं, उसकी कल्पना करते हैं, तो आप उस लक्ष्य को पाने में उन साधारण इन्सानों से कहीं ज़्यादा नजदीक हो जाते हैं जो केवल अपनी समस्याओं और चिन्ता के बारे में बातें करते हैं।

यहाँ सात कदम का एक फार्मूला है जिसका इस्तेमाल आप करोड़पति बनने में कर सकते हैं।

पहला, आप अपने जीवन के हर क्षेत्र में वास्तव में क्या चाहते हैं उसे तय करें। ख़ासकर अपने आर्थिक जीवन में। अधिकतर लोग ऐसा नहीं करते।

दूसरा, अपने लक्ष्य को स्पष्ट लिखें। जब आप अपने लक्ष्य को लिखते हैं तो आपके हाथ और दिमाग़ के बीच कुछ अद्भुत होता है।

तीसरा, हर लक्ष्य के लिए समय सीमा बनायें। अगर लक्ष्य बड़ा है तो उसे कई भागों में बाँटकर, सबके लिए समय सीमा बनायें। ख़ुद के लिए समय सीमा बनायें।

चौथा, लक्ष्य तक पहुँचने में आपको जो करना होगा, इस बारे में आप जितना सोच सकते हैं उन सबकी सूची बनायें। अगर आपके दिमाग़ में नये सुझाव आते हैं तो उसे शामिल करते रहें जब तक कि आप लक्ष्य

हासिल न कर लें।

पाँचवा, अपनी सूची के अनुसार कार्य करने की योजना बनायें। निर्णय लें कि पहले आप क्या करेंगे और बाद में क्या। तय करें कि क्या ज़्यादा महत्वपूर्ण है और क्या कम।

छठा, अपनी योजना पर तुरन्त काम करना शुरू करें। बहुत से लक्ष्य और योजना कभी-कभी केवल टाल-मटोल के कारण पूरे नहीं हो पाते।

सातवाँ और शायद सबसे महत्वपूर्ण, हर दिन कुछ न कुछ ऐसा ज़रूर करें जो आपको आपके लक्ष्य की ओर एक कदम आगे बढ़ाये। हर दिन ऐसा करना आपको बड़ी सफ़लता देगा।

यहाँ सबके लिए अभ्यास है। एक काग़ज़ लें। उसके ऊपर बीच में 'लक्ष्य' शब्द को आज की दिनांक के साथ लिखें। अब दस लक्ष्यों की एक सूची बनायें जो आप अगले बारह महीनों में हासिल करना चाहते हैं। अपने लक्ष्य को वर्तमान काल में लिखें। हर लक्ष्य की शुरुआत 'आय' से करें, उसे व्यक्तिगत बनाने के लिए।

जब आप अगले साल के लिए दस लक्ष्य बनायेंगे तो आप ख़ुद को समाज के तीन प्रतिशत लोगों में शामिल करेंगे। दु:ख की बात ये है कि 97 प्रतिशत लोग अपने जीवन में कभी लक्ष्य बनाते ही नहीं।

10 लक्ष्य बनाने के बाद एक बार सूची को देखें और इन सवालों को ख़ुद से पूछें। इस सूची का कौन-सा लक्ष्य अगर आप हासिल कर लेते हैं तो उसका आपके जीवन पर बहुत ज़्यादा प्रभाव पड़ेगा।

जवाब जो भी हो, उस लक्ष्य को गोल करें। उसे एक नम्बर दें। भविष्य का सबसे महत्वपूर्ण लक्ष्य। उस लक्ष्य के लिए समय सीमा बनायें, योजना करें, काम शुरू करें। और हर दिन कुछ ऐसा करें जो आपको लक्ष्य की ओर ले जाये।

अब से उस लक्ष्य के बारे में हर समय सोचें और बातें करें। सोचें कि वो लक्ष्य आप कैसे पा सकते हैं। उन विभिन्न कदमों के बारे में सोचें जो आप अपने लक्ष्य को यथार्थ में बदलने के लिए ले सकते हैं। ये अभ्यास आप में स्फूर्ति लायेगा। आपकी ऊर्जा और सामर्थ्य को बढ़ायेगा।

अभ्यास कार्य

हमेशा लिखकर सोचें। जो लक्ष्य आप बनाते हैं उसे लिखें और उसे हासिल करने की योजना बनायें। ये अभ्यास अकेले ही आपको स्वनिर्मित करोड़पति बना सकता है।

सफलता

3

रहस्य

ख़ुद को एक सेल्फ-एम्प्लायड की तरह देखें

मैं अपनी आत्मा का अधिकारी हूँ
मैं अपनी किस्मत का मालिक हूँ
—विलियम हेन्ले

अभी से पूरी तरह से ये स्वीकार करें कि आप जो भी हैं जैसे भी हैं और जैसे भी होंगे उसके लिए शत-प्रतिशत जिम्मेदार आप हैं। बहाने बनाना छोड़िये। अपनी खामियों या अपनी समस्याओं के लिए दूसरों को दोष मत दीजिए। आपके जीवन में आप जिन बातों से ख़ुश नहीं हैं उनकी शिकायत

करना बन्द करें। किसी भी बात के लिए अन्य लोगों की निन्दा न करें। अगर आपके जीवन में कुछ ऐसा है जो आपको पसन्द नहीं हैं तो उसके लिए आप जिम्मेदार हैं। उसे बदलना आपके हाथ में है। वो शक्ति आपके पास है।

अमेरिका के टॉप तीन प्रतिशत लोग ख़ुद को सेल्फ-एम्प्लायड की तरह देखते हैं। उनके वेतन चेक पर कौन हस्ताक्षर करता है इससे कोई फर्क नहीं पड़ता। सबसे बड़ी गलती जो आप कर सकते हैं वो है ये सोचना कि आप ख़ुद के लिए नहीं, बल्कि किसी और के लिए काम करते हैं। आप हमेशा सेल्फ-एम्प्लायड हैं। कोई फर्क नहीं पड़ता कि आप कहाँ काम करते हैं।

जब आप ख़ुद को एक सेल्फ-एम्प्लायड की तरह देखते हैं तो आप एक 'ऑन्ट्रोप्रेन्योर मेन्टेलिटी' विकसित करते हैं। एक स्वतन्त्र, स्वजिम्मेदार इन्सान। आप इस बात का इन्तजार नहीं करेंगे कि कुछ होगा, आप ख़ुद शुरुआत करेंगे। ख़ुद को अपने जीवन का मालिक समझेंगे। आपका स्वास्थ्य, आपका आर्थिक सुख, आपकी जीवनशैली, आपके रिश्ते, आपका घर, गाड़ी हर कुछ आपके हाथ में होगा। स्वनिर्मित करोड़पतियों की सोच यही है।

स्वजिम्मेदार लोग रिजल्ट को सोचकर काम करते हैं। वो हमेशा शुरुआत करते हैं। वो और भी जिम्मेदारियों के लिए उत्सुक रहते हैं। परिणामस्वरूप संस्था के लिए वो बहुत कीमती और आदरणीय बन जाते हैं। वो ख़ुद को ज़्यादा जिम्मेदारियों के लिए तैयार करते रहते हैं। आपको भी ऐसा ही करना चाहिए।

यहाँ आपके लिए एक सवाल है। **अगर आप एक दिन के लिए कम्पनी के प्रेसिडेन्ट बन जायें तो आप क्या बदलाव लायेंगे?**

जवाब जो भी हो, उसे लिखें, उसकी योजना करें, तुरन्त लागू करें। ये एक काम अकेले ही आपका जीवन बदल देगा।

अभ्यास कार्य

अपने आर्थिक लक्ष्य को पूरे मन से न करने का कारण चुनें। क्या कोई कारण या कोई इन्सान है जो आपको पीछे की ओर खींच रहा है, आगे नहीं बढ़ने दे रहा? ये जो भी है, अपनी जीवन की जिम्मेदारी पूरी तरह से ख़ुद लें। और आज से ही काम शुरू करें।

सफलता

4

रहस्य

वो काम करें जो करना आपको पसन्द है

जब आप वो काम करना शुरू करेंगे जो आपको पसन्द है तो फिर जीवन में आप कभी दूसरे दिन काम नहीं करेंगे।

—ब्रायन ट्रेसी

वो काम करना जिसे करना आप पसन्द करते हैं आर्थिक सफ़लता के महान रहस्यों में एक है। जीवन की प्राथमिक जिम्मेदारियों में एक है वो काम खोजना जिसे करने में आपको मजा आता है। वो क्या है जिसके लिये

आपके पास स्वभाविक टैलेन्ट है, उसे खोजें और फिर ख़ुद को पूरी तरह से उसमें समर्पित कर दें।

स्वनिर्मित करोड़पति वो होते हैं जो एक ऐसा कार्यक्षेत्र ढूँढ़ते हैं जहाँ उनके स्वभाविक गुण और योग्यता का सही-सही सदुपयोग होता है और तब वो रिजल्ट हासिल करते हैं। अधिकतर करोड़पति कहते हैं कि उन्होंने जीवन में एक दिन भी काम नहीं किया। आपको एक ऐसा क्षेत्र ढूँढ़ना है जहाँ आप पूरी तरह से तल्लीन हो जायें। जहाँ आपके स्वभाविक गुण और योग्यता का पूरी तरह से सदुपयोग हो।

अगर आप वो काम करते हैं जिन्हें करना आपको पसन्द है तो आप लगातार अपने अन्दर उत्तेजना, ऊर्जा पायेंगे। आप हर समय उसे और बेहतर बनाने के सुझाव पायेंगे। यहाँ आपके लिए एक सवाल है। **अगर आज आप एक लाख रुपए (टैक्स फ्री) जीतते हैं तो क्या आप कल भी वही काम करेंगे जो आप आज कर रहे हैं?**

ये एक बहुत अच्छा सवाल है। ये एक सीधा सवाल है जो आपसे पूछता है कि अगर आपके पास पैसे और समय की कमी न हो, और आपको पेशा चुनने की स्वतन्त्रता हो, तो आप क्या करेंगे? स्वनिर्मित करोड़पति अगर लाख रुपये जीतते हैं तो वो कल भी वहीं करेंगे जो वो आज कर रहे हैं। वो केवल काम का तरीका और स्तर बदलेंगे। लेकिन वो अपने काम से इतना प्यार करते हैं कि वो उसे छोड़ने का सोचेंगे भी नहीं।

शायद वयस्क जीवन की सबसे बड़ी जिम्मेदारी है, जब आपके पास पेशों के बहुत सारे विकल्प हों तो अपने लिए वो चुनना जो आपको पसन्द हैं। और तब ख़ुद को उस क्षेत्र में समर्पित कर देना। ये काम आपके लिए कोई और नहीं कर सकता।

अभ्यास कार्य

वो काम ढूँढ़े जिसे करने में आपको मज़ा आता है। आज तक आपकी सफ़लता के लिए कौन-सा कार्य ज़िम्मेदार है। अगर आप कोई भी काम कर सकते हैं और सफ़ल हो सकते हैं तो आप कौन-सा काम चुनेंगे? इसे एक लक्ष्य की तरह बनायें, योजना करें और आज ही इस दिशा में काम शुरू करें।

सफलता
5
रहस्य

बहुत अच्छा करने का वचन लें

आपके जीवन की क्वॉलिटी इस बात पर निर्भर करती है कि आपका बहुत अच्छा करने का वचन कितना गहरा है। आपने क्या क्षेत्र चुना, उससे कोई फर्क नहीं पड़ता।

—विन्स लॉम्बार्डी

आज आप जो करेंगे बहुत अच्छे से करेंगे, ऐसा संकल्प लें। अपने क्षेत्र के टॉप 10 प्रतिशत में पहुँचने का लक्ष्य बनायें। निर्णय लें कि आप जो

भी करेंगे बहुत, बहुत अच्छा करेंगे। ये आपका जीवन बदल सकता है। लगभग सभी सफ़ल व्यक्ति अपने द्वारा चुने क्षेत्र में बहुत ही योग्य होने के कारण जाने जाते हैं।

याद रखें, आपसे बेहतर और आपसे स्मार्ट कोई नहीं है। वो सब जो आज टॉप 10 प्रतिशत में हैं, अपनी शुरुआत में अन्तिम 10 प्रतिशत में थे। हर कोई जो आज बहुत अच्छा कर रहा है, गलतियाँ उससे भी हुई। जो अन्य लोगों ने किया वो आप भी कर सकते हैं।

यहाँ सफ़लता का एक नियम है। आपका जीवन तभी बेहतर होगा जब आप बेहतर होंगे। और आप ख़ुद को और अपने जीवन को कितना बेहतर बना सकते हैं उसकी कोई सीमा नहीं।

आपका ये निर्णय कि आप जो भी क्षेत्र चुनेंगे, उसमें बहुत अच्छा करेंगे, टॉप 10 प्रतिशत में पहुँचेंगे, ये सफ़लता का सूत्र है। ये आपके सम्मान, आपके गौरव की बुनियाद है। जब आप वास्तव में कुछ बहुत अच्छा करेंगे तो आप ख़ुद के लिए बहुत अच्छा महसूस करेंगे। बहुत अच्छा करना आपके व्यक्तित्व को प्रभावित करेगा। सभी के साथ आपके रिश्ते को अच्छा करेगा। जब आप अपने क्षेत्र के टॉप 10 प्रतिशत में पहुँचेंगे तो आप बेहद अच्छा महसूस करेंगे।

यहाँ आपको ख़ुद से पूछने के लिए एक महत्वपूर्ण सवाल है। **वो कौन-सा कौशल है जो अगर मैं अपने अन्दर विकसित करता तो आज उसका मेरे जीवन पर बहुत सकारात्मक असर होता?**

आप हर चीज़ में बहुत अच्छे नहीं हो सकते। आप एक कौशल ढूँढ़िये जिसमें आप बहुत अच्छे हैं और ख़ुद को समर्पित कर दीजिए। इसे एक लक्ष्य की तरह लें, योजना करें और हर दिन उसे बेहतर बनाने के लिए कदम उठायें। इससे आपके जीवन में जो बदलाव आयेगा आप दंग रहे

जायेंगे। ये वायदा अकेले ही आपको स्वनिर्मित करोड़पति बना सकता है।

अभ्यास कार्य

अपने वर्तमान कार्य का प्रमुख परिणाम क्षेत्र चुनें। आपके क्षेत्र में वो कौन-सा काम है जो आपको आपके क्षेत्र में ऊपर तक ले जायेगा? आप किन कामों में मजबूत और किन में कमजोर हैं? आज ही योजना बनायें, कोई एक कौशल चुनने की, जिसमें आप अभ्यास करके बहुत अच्छा कर सकते हैं।

सफलता

6

रहस्य

देर तक और परिश्रम से काम करें

मैं जितना परिश्रम करूँगा, उतना भाग्यवान बनूँगा।

—जेम्स थर्बर

सभी स्वनिर्मित करोड़पति बहुत ही ज़्यादा मेहनत करते हैं। वो और लोगों से जल्दी शुरुआत करते हैं, ज़्यादा कड़ी मेहनत करते हैं और देर तक काम करते हैं। सबसे ज़्यादा मेहनत करने वालों की सूची में आने के लिए और अपने क्षेत्र में प्रतिष्ठा पाने के लिए वो कड़ी मेहनत करते हैं और ये जानकारी सबको होती है।

आईये फॉर्टी प्लस फॉर्मूला का अभ्यास करते हैं। ये फार्मूला कहता

है कि आप हर सप्ताह 40 घण्टे काम करते हैं। 40 घण्टे के बाद किया गया काम सफ़लता के लिए होगा। अगर आप केवल 40 घण्टे काम करते हैं (जहाँ आज औसतन प्रति सप्ताह काम 35 घण्टे हो गये हैं) तो वो जीने के लिए हैं। आप कभी आगे नहीं बढ़ेंगे। आपको बड़ी आर्थिक सफ़लता कभी नहीं मिलेगी। आपको अपने सहकर्मियों के द्वारा कभी भी बहुत आदर और सम्मान नहीं मिलेगा। आप औसतन 40 घण्टे पर सप्ताह काम करके हमेशा मीडियोकर ही रहेंगे।

लेकिन 40 घण्टे के बाद का हर एक घण्टा आपका भविष्य के लिए निवेश है। 40 घण्टे से कितना अधिक आप काम करते हैं, उस आधार पर आप कह सकते हैं कि 5 साल बाद आप कहाँ रहेंगे। लम्बे दिन और कड़ी मेहनत की जगह कोई नहीं ले सकता।

अमेरिका में स्वनिर्मित करोड़पति सप्ताह में औसतन लगभग 59 घण्टे काम करते हैं। उनमें से कई 70 या 80 घण्टे काम करते हैं, ख़ासकर उनके जीविका की शुरुआत में। वो सप्ताह में 5 की बजाय 6 दिन काम करते हैं और ज़्यादा देर तक काम करते हैं। अगर आप किसी स्वनिर्मित करोड़पति से बात करना चाहते हैं तो आपको समय ऑफिस आवर के पहले या बाद का मिलेगा। सभी करोड़पति ऑफिस में अन्य स्टाफ के आने के पहले आते हैं और उनके जाने के बाद जाते हैं।

और यहाँ एक सूत्र है : **जब आप काम कर रहे हैं तो पूरे समय काम करें।** समय बर्बाद न करें। जब आप जल्दी उठते हैं तो ख़ुद को काम में लगा दें। जब लोग आपसे बात करना चाहें तो उनसे माफ़ी माँगें कि मुझे काम में वापस जाना है और अपना काम करें।

अपने किसी भी काम, कपड़े धोना, बातें करना, पेपर पढ़ना, कम न करें। जब आप काम कर रहे हैं तो पूरे समय काम करें। आज ही बहुत परिश्रम करने का प्रण लें। अपनी कम्पनी में सबसे मेहनती स्टाफ बनें।

आपकी मेहनत लोगों का ध्यान आपकी ओर खींचेगी।

अभ्यास कार्य

हर दिन जितने घण्टे आप काम करते हैं, उन्हें बढ़ाने की योजना करें। ऑफिस 1 घण्टे पहले पहुँचने का निर्णय लें। लंच समय में जब सब जाते हैं तब आप काम करें। ऑफिस के 1 घण्टे बाद तक काम करें। हर दिन 2 घण्टे ज़्यादा काम करने से आपको दोगुना परिणाम मिलेगा।

सफलता

7

रहस्य

जीवन भर सीखने के लिए ख़ुद को समर्पित करें

हर समय सीखना किसी भी क्षेत्र में सफ़लता के लिए कम से कम ज़रूरत है।

—डेनिस वेटले

आपने जिस क्षेत्र को चुना है, वस्तुत: उसमें सीखने और सुधार लाने के लिए आपके पास असीमित सामर्थ्य है। आपके पास कहीं ज़्यादा दिमाग़, योग्यता और ज्ञान है जो आप बाकी के जीवन में इस्तेमाल कर सकते हैं।

आप जितना सोचते हैं उससे कहीं ज़्यादा स्मार्ट आप हैं। ऐसी कोई बाधा नहीं जिसपर आप काबू नहीं पा सकते। ऐसी कोई समस्या नहीं जो आप समाधान नहीं कर सकते। ऐसा कोई लक्ष्य नहीं जो आप हासिल नहीं कर सकते। बस आपको अपने दिमाग़ की शक्ति का उपयोग करना है।

लेकिन आपका दिमाग़ एक मांसपेशी की तरह है। ये तभी विकसित होगा जब आप इसका इस्तेमाल करेंगे। ठीक वैसे ही जैसे मांसपेशी बनाने के लिए आपको कसरत करनी होती है। वैसे ही आपको अपनी मानसिक मांसपेशी को विकसित करने के लिए उससे काम करवाना होगा। अच्छी ख़बर ये है कि जितना आप सीखेंगे, उतना ज़्यादा आप सीख सकते हैं, ठीक उसी तरह जैसे स्पोर्ट्स में जितना आप खेलेंगे, उतना अच्छा खेलेंगे। आपका समर्पण सीखने के लिए, जितना अच्छा होगा, उतना अच्छा आप सीखेंगे।

लीडर्स हमेशा सीखते रहते हैं। ये 21वीं सदी का सूत्र है। आपको अपने क्षेत्र में सफ़लता के लिए जीवन भर सीखते रहना होगा। आज ही ये तय करें कि आप अपने कौशल के विद्यार्थी बनेंगे। और जीवन भर उस कौशल के लिए पढ़ते और सीखते रहेंगे।

जीवन भर सीखने के लिए 3 सूत्र हैं। पहला सूत्र, अपने क्षेत्र में कम से कम 30 से 60 मिनट रोज़ पढ़ना। **पढ़ाई और दिमाग़ का वही रिश्ता है जो कसरत और शरीर का होता है।** हर दिन एक घण्टा पढ़ने से आप सप्ताह में एक किताब पढ़ लेंगे। एक किताब हर सप्ताह मतलब हर साल 50 किताब, मतलब अगले 10 सालों में 500 किताबें। चूँकि औसतन आदमी साल में एक किताब से भी कम पढ़ता है, इसलिए अगर आप इस तरह पढ़ते हैं तो अपने क्षेत्र में बहुत आगे निकल जायेंगे।

जीवनभर सीखने का दूसरा सूत्र है ऑडियो सुनना तब जब आप

गाड़ी से ऑफिस जाते हैं। साधारणत: इन्सान गाड़ी में हर साल तकरीबन 500 से 1000 घण्टे बैठता है।

अपनी गाड़ी को सीखने की मशीन में बदलिए। कभी भी अपनी गाड़ी बिना ऑडियो प्रोग्राम के न चलायें। बहुत से लोग इस ऑडियो प्रोग्राम से करोड़पति बन गये। यही कारण है कि ऑडियो प्रोग्राम को प्रिटिंग प्रेस के आविष्कार के बाद महत्वपूर्ण खोज माना जाता है।

जीवनभर सीखने का तीसरा सूत्र है, वो हर कोर्स या सेमिनार अटेण्ड करें जो आपको लगता हैं कि वो आपको अपने क्षेत्र में बेहतर बनने में मदद कर सकता है। किताब, ऑडियो प्रोगाम और सेमिनार एक साथ मिल के आपकी 100 घण्टे की बचत, हजारों डॉलर और सालों की मेहनत को बचा सकते हैं और आपकी आर्थिक सफ़लता में मदद करते हैं।

जीवनभर सीखते रहने का निर्णय आज ही लें। इससे आपकी जीविका में जो प्रभाव पड़ेगा आप दंग रह जायेंगे। ये आपके स्वनिर्मित करोड़पति बनने का प्रमुख कारण बन सकता है।

अभ्यास कार्य

कोई एक विषय चुने जो आपको आपके क्षेत्र में ज़्यादा प्रोडक्टवि और सक्षम बना सकता है। उस विषय में बहुत अच्छा करने की सोंचो। इसे "ख़ुद से करना" बनायें। और तब इस विषय पर रोज़ पढ़ें। इस विषय पर आडियो प्रोग्राम सुनें। सेमिनार में जायें। इन सूत्रों पर ऐसे काम करें जैसे आपका भविष्य इस पर निर्भर हो और वास्तव में ये निर्भर है।

सफलता 8 रहस्य

ख़ुद को सबसे पहले पे करें

आपके कमाये पैसों में से कुछ हिस्सा आपका है और अगर आप पैसे नहीं जमा करते तो महानता के बीज आपमें नहीं हैं।

—डब्ल्यू. क्लेमेंट स्टोन

आज संकल्प करें कि आप जीवन में जब तक काम करेंगे, अपनी आमदनी का 10 प्रतिशत बचत करेंगे और उसे निवेश करेंगे। हर महीने जब आप तनख़्वाह पायेंगे तो 10 प्रतिशत आर्थिक संग्रह के लिए ख़ास अकाउण्ट

में डालेंगे। अगर हर महीने आप अपनी आमदनी का कुछ हिस्सा बचाते हैं और उसे मुचुअल फण्ड में डालते हैं तो वो 10 प्रतिशत का ब्याज देगा। इसका मतलब अगर कोई इन्सान कम कमाता है लेकिन शुरुआत से थोड़े-थोड़े जमा करता है तो वो अपने कार्यकाल के अन्त में करोड़पति बन जायेगा।

जीवनभर बचत और निवेश बहुत आसान नहीं है। इसमें अद्भुत संकल्प और इच्छा शक्ति की ज़रूरत होती है। इसे एक लक्ष्य की तरह बनाना होगा। इसे लिखें, योजना बनायें और हर समय इस पर काम करें। लेकिन जब एक बार ये आदत बन जायेगी तो वास्तव में आपकी आर्थिक सफ़लता निश्चित हो जायेगी।

क़िफायत का अभ्यास करें। हर चीज़ में क़िफायत। हर रुपये के साथ सावधानी बरतें। हर ख़र्चे पर सवाल करें। हर ज़रूरी खरीददारी के लिए एक महीना नहीं तो कम-से-कम एक हफ्ता विलम्ब करें। जितना विलम्ब आप करेंगे, ख़रीददारी उतनी अच्छी होगी और उतनी ही अच्छी क़ीमत पर आप उसे पायेंगे।

लोग रिटायर होते समय गरीब होते हैं, इसका एक महत्वपूर्ण कारण हैं उमंग में आकर की गई ख़रीददारी। वो कुछ देखते हैं जो उन्हें अच्छा लगता है, बहुत कम सोचकर वो खरीद लेते हैं। वो 'पर्किनसन लॉ' के शिकार हो जाते हैं जो कहता है, ''आय से मिलने के लिए व्यय बढ़ता है।'' इसका मतलब इससे कुछ फ़र्क नहीं पड़ता कि आप कितना कमाते हैं। थोड़ा बचाकर आप सारे ख़र्चे कर देंगे। आप कभी आगे नहीं बढ़ेंगे और कर्ज से बाहर नहीं आयेंगे।

लेकिन आपको पर्किनसन लॉ का शिकार नहीं होना है। अगर आप 10 प्रतिशत बचत नहीं कर सकते तो शुरुआत 1 प्रतिशत बचत से करें।

महीने की शुरुआत में ही इसे अलग कर लें। बाकी 99 प्रतिशत ख़र्चे के लिए रहने दें। जब आपको 99 प्रतिशत के साथ रहने की आदत हो जाये तो 2 प्रतिशत बचाना शुरू करें, बाकी 98 प्रतिशत ख़र्चे के लिए। एक साल के अन्दर ही आप 10 प्रतिशत बचत करने लगेंगे या 15 प्रतिशत या 20 प्रतिशत। आपका बचत खाता और निवेश खाता भी बढ़ेगा। आप अपने ख़र्च पर ज़्यादा ध्यान देंगे। आपका कर्ज़ पूरा होगा। एक या दो साल के अन्दर आर्थिक जीवन पर आपका नियन्त्रण होगा और आप स्वनिर्मित करोड़पति बनने के रास्ते में होंगे। ये प्रक्रिया जिसने भी अपनाई है, सफ़ल हुए हैं। आप भी कोशिश करें।

अभ्यास कार्य

धन जमा करने के लिए एक ख़ास अकाउण्ट खोलें। उसमें पैसे डालें, चाहे वो कितना भी छोटा हो। और फिर उसमें पैसे डालते रहने का अवसर ढूँढ़ें। इसे कैसे बढ़ाया जाय, इसका अध्ययन करें। इस विषय पर विशेषज्ञों की किताब और मैगज़ीन पढ़ें। तब तक जमा करना, सीखना और पढ़ना बन्द न करें जब तक कि आप आर्थिक रूप से स्वतन्त्र न हो जायें।

सफलता

९

रहस्य

अपने व्यवसाय के हर पहलू को सीखें

आप जो कर रहे हैं, अगर आप उसमें बहुत अच्छे बन जाते हैं, तो आपको ज्यादे पाने से और शीघ्रता से आगे बढ़ने से कोई नहीं रोक सकता।

—डैन केनेडी

मार्केट बहुत अच्छे काम के लिए बहुत अच्छा ईनाम देता है, औसतन काम के लिए औसतन ईनाम और औसत से भी नीचे काम के लिए आपको असफ़लता और निराशा मिलती है। आपने अपने लिए जिस क्षेत्र

को चुना है, उसमें एक्सपर्ट बनना आपका लक्ष्य होना चाहिए। आपको हर छोटी-बड़ी बातें सीखनी चाहिए जिससे आप और बेहतर काम कर पायें।

अपने क्षेत्र में प्रकाशित हर मैगज़ीन पढ़ें। नई किताब पढ़ें और अध्ययन करें। अपने क्षेत्र में एक्सपर्ट द्वारा दिये गये कोर्स और सेमिनार में शामिल हो। हर मीटिंग में उपस्थित हों। अपने क्षेत्र के टॉप लोगों के साथ सम्बन्ध बनायें।

इन्टिग्रेटिव कॉमप्लेकसिटी लॉ कहता है : जो इन्सान किसी क्षेत्र में सूचनाओं का इस्तेमाल कर सकता है, एकीकरण कर सकता है, बहुत जल्द वो उस क्षेत्र के टॉप में पहुँच जायेगा।

अगर आप सेल्स में हैं तो अति महत्वकांक्षी बने। सेलिंग प्रक्रिया के बारे में पढ़ते रहें। सेल्स के टॉप 20 प्रतिशत लोग बॉटम 80 प्रतिशत लोगों से 16 गुणा ज़्यादा कमाते हैं। टॉप 10 प्रतिशत और भी ज़्यादा कमाते हैं।

अगर आप मैनेजमेण्ट में हैं तो प्रमुख प्रोफेशनल मैनेजर बनने का प्रण लें। अगर आप ख़ुद का व्यवसाय करते हैं या करने की सोच रहे हैं तो ऑन्ट्रॉप्रॉन्योरल कार्यनीति पढ़े और हर दिन नये सुझाव कोशिश करें।

अपने व्यवसाय या पेशे में सबसे अच्छा बनने के लिए लक्ष्य बनायें। एक छोटी जानकारी, सुझाव आपके कैरियर में बहुत बड़ा बदलाव ला सकते हैं। इसे सोचना कभी बन्द न करें।

अभ्यास कार्य

अपने व्यवसाय को जानें। आपको भविष्य में अपने क्षेत्र में ऊपर जाने के लिए क्या गुण की ज़रूरत है? उस गुण को विकसित करने के लिए आज ही योजना बनायें और उस पर हर दिन काम करें।

सफलता

10

रहस्य

ख़ुद को दूसरों की सेवा में समर्पित करें

आपको जीवन में वो सब मिल सकता है जो आप चाहते हैं अगर आप अन्य लोगों की मदद करें उसमें जो वो चाहते हैं।

—ज़िग ज़िगलर

आप दूसरों की जो मदद करते हैं आपको हमेशा उसके अनुसार, उसके आनुपातिक फल मिलेगा। सारे स्वनिर्मित करोड़पतियों को दूसरों की मदद करने का जुनून है। वो हर समय अपने ग्राहक के बारे में सोचते हैं। वो हर

समय ये सोचते हैं कि उनके ग्राहक को दूसरों से बेहतर सेवा कैसे दे सकते हैं, और वो नये-नये तरीके अपनाते हैं।

ख़ुद से ये सवाल करते रहें—मेरा ग्राहक वास्तव में क्या चाहता है? मेरे ग्राहक की ज़रूरत क्या है? मैं अपने ग्राहक को दूसरों से बेहतर क्या दे सकता हूँ? अगर आज मेरे ग्राहक दूसरे से खरीद रहे हैं तो उसके कारण क्या हैं? मैं उन्हें क्या प्रस्ताव दूँ कि वो मेरे पास वापस आयें?

जीवन में आपकी सफ़लता हमेशा आनुपातिक होगी कि जितना आपको करना है, जितनी आपसे उम्मीदें हैं, उससे ज़्यादा आप क्या करते हैं? आपको जितनी तनख़्वाह मिल रही है, हमेशा उससे ज़्यादा काम करने की सोचें। अपने ग्राहक के लिए कुछ अधिक करें। याद रखें, अतिरिक्त माइल पर कभी ट्रैफिक जाम नहीं होता।

आपके कार्य की सफ़लता आपके ग्राहक पर निर्भर करती है। इसका मतलब आपके बॉस, आपके सहकर्मी और वो जो आपसे खरीदते हैं आपके ग्राहक हैं। आपके ग्राहक वो भी हैं जो अपनी सफ़लता या सन्तुष्टि के लिए आप पर निर्भर करते हैं।

यहाँ एक सवाल है जो आपको हर दिन पूछने और जवाब देने की ज़रूरत है।—**मैं अपने ग्राहक को और अच्छी सेवा कैसे दे सकता हूँ?**

आप जो करते हैं उसे और अच्छा बनाने के तरीके ढूँढ़ें। आपके ग्राहक की सेवा के तरीके में एक छोटा-सा सुधार आपकी आर्थिक सफ़लता का प्रमुख कारण बन सकता है। अपने ग्राहक की सेवा में सुधार लाने के तरीकों के बारे में कभी सोचना बन्द न करें।

आज ग्राहक सेवा का महत्व पहले से कहीं ज़्यादा है। जब कभी ग्राहक आपसे किसी चीज़ के लिए पूछते हैं, आपका जवाब होना चाहिए,

बिल्कुल, अभी ही। ये मीठे शब्द आपके ग्राहक सुनना चाहते हैं।

अभ्यास कार्य

अपनी कम्पनी के बाहर और अन्दर अपने सबसे महत्वपूर्ण ग्राहक को चुनें। वो कौन लोग हैं जिसपर आप सबसे ज़्यादा निर्भर हैं? वो कौन लोग हैं जो आप पर सबसे ज़्यादा निर्भर करते हैं? आप उनका और अच्छा ख़्याल रखने के लिए क्या कर सकते हैं, आज से ही शुरू करें।

सफलता

11

रहस्य

ख़ुद के साथ और अन्य लोगों के साथ पूरी तरह से ईमानदार बनें

सोच ही सारी सम्पत्ति, सारी सफ़लता, सारे लाभ, सारे प्रमुख खोज, सारे आविष्कार, सारे हासिलों की वास्तविक स्रोत है।

—क्लॉड एम. बिस्ट्रल

सबसे कीमती और सबसे आदरणीय गुण जो आप अपनी प्रतिष्ठा के लिए अपने अन्दर विकसित कर सकते हैं वो है ईमानदारी। आप जो भी करते हैं उसमें पूरी तरह से ईमानदार बनिए। हर काम में। अपनी ईमानदारी के साथ कोई समझौता नहीं। आपके शब्द बहुत कीमती है। आपके शब्द आपके कर्म हैं। आपका सम्मान हैं।

हर सफ़ल व्यवसाय विश्वास पर आधारित होता है। स्वनिर्मित करोड़पति बनने की सफ़लता इस बात से तय होगी कि कितने लोग आप पर विश्वास करते हैं, कितने लोग आपके लिए काम करने को उत्सुक हैं, कितने लोग आपको प्रतिष्ठा देते हैं, कितने लोग आपके उत्पाद और सेवा खरीदते हैं और कितने लोग कठिन समय में आपकी मदद करते हैं। आपका चरित्र आपकी सबसे बड़ी पूँजी है और आपका चरित्र निर्भर करता है आपकी ईमानदारी पर।

ईमानदारी का पहला सूत्र है ख़ुद के साथ ईमानदार बनें। हर चीज़ में। आपमें जो सबसे अच्छा है उसके साथ ईमानदार बनिए। मतलब आप जो भी कर रहे हैं उसे बहुत अच्छी तरह करिये। ईमानदारी, अन्दर से प्रमाणित होती है व्यक्तिगत ईमानदारी से और बाहर से आपके काम की गुणवत्ता से।

ईमानदारी का दूसरा सूत्र है जीवन में अन्य लोगों के साथ ईमानदार बनिये। कभी भी ऐसा न करें या कहें जो आपको लगता है सही या ईमानदार नहीं है। किसी भी चीज़ के लिए ईमानदारी से समझौता न करें।

यहाँ आपको ख़ुद से हमेशा पूछने के लिए एक सवाल है। **वो दुनिया कैसी होगी जिसमें सब मेरी तरह होंगे?**

ये सवाल आपको एक ऊँचा स्तर बनाने के लिए ज़ोर डालेगा। ऐसे काम करें मानो आपके हर शब्द, हर काम यूनिवर्सल लॉ बनेंगे। ऐसे बढ़ें, मानो सब आपको देख रहे हैं और आप जैसे बन रहे हैं। और जब दुविधा

हो, वही करें जो आपको सही लगे। चाहे वो जो भी हो, उसकी कीमत जो भी हो।

अभ्यास कार्य

आपके जीवन की लगभग सभी समस्याओं का समाधान हो जायेगा अगर आप अपने सिद्धान्त को रखें। वो क्या है? आप किस पर विश्वास करते हैं? जब कभी भी आप तनाव का अनुभव करते हैं, इसका मतलब आप अपने सिद्धान्त के साथ समझौता कर रहे हैं। जो भी हो, उससे समझौता न करें।

सफलता

12

रहस्य

अपनी प्रमुख प्राथमिकता चुनें और उस पर एकाग्रता से काम करें

दो दिमाग़ वाला आदमी अपने हर तरीके में अस्थायी होता है। आपके हाथों में जो काम आया है वो करें।

—ब्रायन ट्रेसी

अगर आप प्राथमिकता बनाने की आदत डालें और उस पर एकाग्र होकर काम करें तो आप वास्तव में जीवन में कुछ भी हासिल कर सकते हैं। वो जो बहुत पैसा कमाते हैं, सम्पत्ति बनाते हैं और आर्थिक सफ़लता पाते हैं, उनकी सफ़लता का एक प्रमुख कारण ये भी है।

अपने लिए सबसे प्राथमिक काम चुनना और तब उस पर तब तक काम करना जब तक कि वो पूरा न हो जाये। आपकी इच्छा शक्ति, आपकी अनुशासनता और आपके व्यक्तिगत चरित्र की परीक्षा है। अगर आप सफ़लता चाहते हैं तो ये सबसे कठिन लेकिन सबसे महत्वपूर्ण काम है।

यहाँ एक सूत्र है। जब आप लक्ष्य बनाते हैं तो उसे हासिल करने के लिए आपको जो भी करना है उसकी सूची बनायें। उसे प्राथमिकता के आधार पर बाँटें और तब ख़ुद से ये 4 सवाल करें।

पहला सवाल—**मेरे लिए सबसे महत्वपूर्ण काम क्या है?** आपके काम और व्यवसाय के लिए अन्य सभी चीज़ों से अधिक महत्वपूर्ण क्या है?

दूसरा सवाल—**मुझे पैसे क्यों दिये जा रहे हैं?** मुझे किस काम के लिए रखा गया है? रिजल्ट पर ध्यान दें, न कि क्रिया पर।

तीसरा सवाल—**वो कौन-सा काम है जो केवल मैं कर सकता हूँ?** अगर अच्छे से करूँ तो क्या अन्तर होगा? ये काम केवल आप कर सकते हैं। अगर आप ये नहीं करेंगे तो ये नहीं होगा। लेकिन अगर ये आप करें तो इसका आपके व्यवसाय और व्यक्तिगत जीवन पर बहुत असर पड़ेगा। वो काम क्या हैं?

चौथा सवाल—**मैं अपने समय का सबसे अच्छा उपयोग कैसे करता हूँ?** इस सवाल का हर समय केवल एक जवाब होगा। अपने समय का सबसे अच्छा उपयोग और तब उस काम को शुरू करना आपकी

आर्थिक सफ़लता का सूत्र है।

अन्त में एक काम पर एकाग्र होकर काम करना शुरू करें। सबसे महत्वपूर्ण काम। वो काम तब तक करें जब तक कि वो 100 प्रतिशत पूरा नहीं हो जाता। दूसरी ओर ध्यान न जाने दें। ख़ुद को वो काम करने के लिए तब तक प्रेरित करते रहें जब तक कि वो पूरा नहीं हो जाता।

अच्छी ख़बर ये है कि जब आप लगातार प्राथमिकता बनाने और सबसे महत्वपूर्ण काम पर एकाग्रचित होकर काम करने लगेंगे, आप जल्द ही उच्च स्तर का काम करने की आदत बना लेंगे। ये आदत तब ऑटोमेटिक हो जायेगी और आपकी सफ़लता वास्तव में तय हो जायेगी। ये एक अकेली आदत ही आपको स्वनिर्मित करोड़पति बना सकती है।

अभ्यास कार्य

वो सबसे महत्वपूर्ण चीज़ क्या है जो आप अपने लक्ष्य को हासिल करने के लिए अभी कर सकते हैं, उसे ढूँढ़ें और तब उसे करने के लिए ख़ुद को अनुशासित करें। तब तक जब तक कि वो शतप्रतिशत पूरा नहीं हो जाता। आपकी ये करने की योग्यता अकेले ही आपका जीवन बदल सकती है।

सफलता

13

रहस्य

विश्वसनीयता और शीघ्रता के लिए अपनी प्रतिष्ठा बनायें

अपना काम करें; केवल काम नहीं, अपने सामर्थ्य से थोड़ा ज़्यादा करें। वो थोड़ा ज़्यादा काम बाकी के काम से ज़्यादा मूल्यवान है।

—डीन ब्रिग्गस

समय 21वीं शताब्दी का सबसे बड़ा धन है। आज हर कोई अद्भुत हडबड़ी में है। ग्राहक जिन चीज़ों को जानते भी नहीं थे वो उसे कल की तारीख़ में चाह रहे हैं। लोगों का धैर्य कम होता जा रहा है अगर उन्हें कोई बेहतर सेवा देता है तो वफादार ग्राहक रातों-रात अपने सप्लायर्स बदल लेते हैं। तुरन्त की सन्तुष्टि अब शीघ्र नहीं रह गई।

आपका काम है इस गति के लिए प्रतिष्ठा बनाना। अत्यावश्यकता को समझें। काम करने के लिए भाव विकसित करें।

मौका मिलते ही आगे बढ़ें। अगर किसी को किसी चीज़ की ज़रूरत है तो तीव्रता से काम करें।

अगर आपके बॉस या आपका ग्राहक किसी चीज़ के लिए कहते हैं तो सबसे पहले उनका काम ऐसे करें कि वो दंग रह जायें। आपने ये सुना होगा, जब आप कोई काम चाहते हैं तो उसे किसी व्यस्त इन्सान को दें। जो लोग जल्दी काम करने की प्रतिष्ठा बनाये रखते हैं, उन्हें अवसर ज़्यादा मिलता है। वो ज़्यादा से ज़्यादा काम पाते हैं।

जब आप सबसे प्रमुख काम चुनने की योग्यता और इस जल्दी और अच्छे से करने की क्षमता एक साथ रखते हैं तो आप ख़ुद को आगे बढ़ता पायेंगे। आपके लिए वो दरवाज़े भी खुलेंगे जिसकी आप कल्पना भी नहीं कर सकते।

अभ्यास कार्य

किसी एक मुख्य काम को चुनें जो आप शुरू कर रहे हैं या अन्त करने वाले है और उस पर तुरन्त काम करने का प्रण लें। ये जादुई शब्द दोहराते रहें, "अभी करें, इसे अभी करें, इसे अभी करें"।

सफलता

14

रहस्य

शिखर से शिखर तक चढ़ने के लिए तैयार रहिये

जीत कभी भी कभी-कभी हासिल होने वाली चीज़ नहीं है, ये हमेशा की चीज़ है।

—विन्स लॉम्बार्डी

ठीक एक पहाड़ आरोही की तरह जो एक चोटी पर पहुँचता है और फिर दूसरी चोटी पर पहुँचने के लिए उसे घाटी में नीचे आना होता है, आपका जीवन भी उतार चढ़ाव की एक श्रृंखला होगा। आपने सुना होगा—जीवन

एक प्रक्रिया है, दो कदम आगे और एक कदम पीछे।

सभी बिज़नेस जीवन चक्र और दौर के बने हैं। चक्र कभी ऊपर है तो कभी नीचे। व्यवसाय में बदलाव प्राय: इण्डस्ट्री में बदलाव ला देते हैं। आज का युग इण्टरनेट का है। टैक्नॉलोजी का सभी दिशा में प्रसार हो रहा है। ये हमारे पुराने विश्वास और सुझावों, जिससे पहले व्यवसाय हुआ है, को बदल रहे हैं। दीर्घकालीन दृष्टिकोण विकसित करें। आप जो भी करते हैं, दूर तक सोचें। भविष्य के अगले 2, 3, 4, 5 साल की योजना करें। जीवन के छोटे-मोटे उतार-चढ़ाव में भावनाओं में न बहें।

ख़ुद को हर समय याद दिलाते रहें कि आपके जीवन में सब कुछ चक्र में चलता है। छोटे-मोटे बदलाव में शान्त और स्थिर रहें। जब आपका लक्ष्य स्पष्ट है, और आप उस पर रोज़ काम कर रहे हैं, कुछ सालों बाद आपके दौर की दिशा ऊपर और आगे की ओर हो जायेगी।

अभ्यास कार्य

आपके व्यवसाय के प्रमुख चक्र और दौर को ढूँढ़ें। मार्केट कहाँ जा रहा है? क्या बदल रहा है और आपको इस बदलाव में कैसे ढलना है? कल की बेहतर दुनिया के लिए आज आपको क्या कदम लेने चाहिए ताकि आप कल लाभान्वित हों। आपका जवाब जो भी हो, वो कदम आज उठायें।

सफलता

15

रहस्य

हरेक चीज़ों में स्व-अनुशासन का अभ्यास करें

स्व-अनुशासन ऐसी योग्यता है जो आपसे वो करवायेगी जो आपको करना चाहिए, और जब आपको करना चाहिए, चाहे आपको वो पसन्द हो या नहीं।

—एल्बर्ट हब्बर्ड

स्व-अनुशासन जीवन में सफ़लता और स्वनिर्मित करोड़पति बनने का

महत्वपूर्ण तत्व है। जो आपको करना है उसके लिए अगर आप ख़ुद को अनुशासित कर सकते हैं, चाहे आपकी इच्छा हो या न हो तो वास्तव में आपकी सफ़लता निश्चित है।

स्वनिर्मित करोड़पति बनने का सूत्र है दीर्घकालीन दृष्टिकोण रखने के साथ-साथ, लघुकालीन सन्तुष्टि को विलम्बित करने की योग्यता। आर्थिक रूप से स्वतन्त्र बनने के लिए दीर्घकालीन लक्ष्य बनायें, हरेक दिन के हरेक खर्च को अनुशासित करें। आपको केवल वही करना है जो आपको आपके दीर्घकालीन लक्ष्य तक पहुँचने की निश्चितता देता है।

स्व-अनुशासन में आवश्यकता है स्व-प्रभुत्व, स्व-नियन्त्रण, स्व-ज़िम्मेदारी और स्व-दिशा की। सफ़ल और असफ़ल लोगों के बीच का एक प्रमुख अन्तर है सफ़ल लोग उन चीज़ों को करते हैं जिन्हें करना असफ़ल लोग पसन्द नहीं करते। वो चीजें क्या हैं? वास्तविकता में सफ़ल लोग भी उन चीज़ों को करना पसन्द नहीं करते, फिर भी वो करते हैं क्योंकि वो जानते हैं कि जीवन में उनकी जो आकांक्षाएँ हैं उन्हें पाने के लिए उन्हें ये कीमत चुकानी होगी।

सफ़ल लोग ख़ुशहाल रिजल्ट के बारे में ज़्यादा सोचते हैं। जबकि असफ़ल लोग ख़ुशहाल प्रक्रिया के बारे में सोचते हैं। सफ़ल लोग लक्ष्य को हासिल करने के लिए काम करते हैं। वो काम जो मुश्किल हैं, किन्तु महत्वपूर्ण हैं। जबकि असफ़ल लोग उन कामों को करते हैं जो आसान है, जिन्हें करने में उन्हें मज़ा आता है। जो तुरन्त का आनन्द देता है। अच्छी ख़बर ये है कि स्व-अनुशासन आपको हर दिशा में मजबूत बनायेगा। आप जब भी इसका अभ्यास करेंगे ये आपका सम्मान बढ़ायेगा। आप ख़ुद को ज़्यादा पसन्द करने लगेंगे और ज़्यादा मान देंगे। और आप स्व-अनुशासन छोटी-छोटी बातों में जितना लायेंगे ये आपको बड़ी चीज़ों में उतना मदद करेगा।

याद रखें, जीवन में हर चीज़ एक परीक्षा की तरह है। हर दिन, हर घण्टे और यहाँ तक कि हर मिनट आप परीक्षा दे रहे हैं। स्व-प्रभुत्व, स्व-नियन्त्रण और स्व-जिम्मेदारी की परीक्षा। परीक्षा ये है कि क्या आप ख़ुद से उन कामों को करवा पा रहे हैं जो ज़रूरी है, जब तक वो पूरा नहीं हो जाता। परीक्षा ये है कि क्या आप अपने दिमाग़ को उस जगह रख पा रहे हैं जो आप चाहते हैं या आप अपने गुज़रे दिनों की समस्याओं से घिरे हुए हैं? जब आप परीक्षा पास करते हैं तब आप आगे की ओर बढ़ेंगे। जब तक आप परीक्षा पास करते रहेंगे, आप आगे बढ़ते रहेंगे। सफ़लता बहुत सारा अनुशासन माँगती है। जैसा कि जिम रॉन कहते हैं, 'अनुशासन का वजन रुई जैसा है और असफ़लता का पत्थर जैसा'।

अभ्यास कार्य

एक बार में एक चीज़ बदलें। अपने जीवन में उस एक क्षेत्र को चुनें जहाँ अनुशासन के अभाव में आपको सफ़लता नहीं मिल पा रही। उस क्षेत्र में अनुशासन लाने का निर्णय आज लें। दूसरों को अपने निर्णय के बारे में कहें। जब तक नई आदत न बने, कोई अपवाद न सुनें। ये निर्णय अकेले ही आपका जीवन बदल सकता है।

सफलता
16
रहस्य

अपनी स्वभाविक सृजनात्मकता को बाहर निकालें

कल्पना यथार्थ से ज़्यादा महत्वपूर्ण है।

—एल्बर्ट आइंस्टीन

यहाँ कुछ और अच्छी खबरें हैं। आप एक समर्थ प्रतिभाशाली व्यक्ति हैं। आप जितनी कल्पना कर सकते हैं उससे कहीं ज़्यादा स्मार्ट हैं। आपने अब तक जितना इस्तेमाल किया है, आपके पास उससे कहीं अधिक दिमाग़ और योग्यता है।

आपके दिमाग़ के पास 10 अरब सेल हैं जो न्यूरॉन और डेण्ड्रायट्स के द्वारा अन्य 20,000 सेल्स से जुड़े हुए हैं। इसका मतलब आपके दिमाग़ के सेल का परम्यूटेशन कॉम्बिनेशन विश्व के कुल माने जाने वाले मॉलिक्यूलस से ज़्यादा है। आपके सुझाव को विकसित करने की योग्यता आपकी सफ़लता के लिए असीमित है। इसका मतलब आपके सफ़ल होने की योग्यता भी असीमित है। आपकी सृजनात्मकता में स्फूर्ति के लिए तीन तत्व है। पहला तीव्रता से वांछित लक्ष्य, दूसरा समस्या पर दवाब डालना और तीसरा केन्द्रित सवाल। आप लक्ष्य को हासिल करने में अपने दिमाग़ को जितना केन्द्रित करेंगे जीवन की समस्याओं को समाधान करने, सवालों के जवाब पाने में उतने ही स्मार्ट बनेंगे और भविष्य में आपका दिमाग़ और बेहतर काम करेगा।

आपका मस्तिष्क, आपकी सृजनात्मकता एक मांसपेशी की तरह है। आप इसका इस्तेमाल जितना करेंगे ये उतनी लचीली और मजबूत बनेगी। आप वास्तव में अपना आईक्यू बढ़ा सकते हैं। अपने आपको सारा दिन रचनात्मक कामों में लगाईये और याद रखिये, सृजनात्मकता सुधार का दूसरा शब्द है। हर समय एक नया सुझाव आपको आपके रिजल्ट तक पहुँचने का एक नया, बेहतर, शीघ्र, सस्ता आसान तरीका देगा।

ठीक वैसे ही जैसे आप मांसपेशियों को गहन परिश्रम के बाद बनाते हैं, दिमाग़ी क़सरत से आपका दिमाग़ बढ़ेगा। यहाँ आपके लिए मस्तिष्क क्षमता बढ़ाने और अपने बहुत अच्छा कर पाने के गुण को स्फूर्ति में लाने के लिए एक अभ्यास हैं।

कागज का एक पन्ना लें। अपने सबसे महत्वपूर्ण लक्ष्य को लिखें या सबसे प्रमुख समस्या सवाल के रूप में ऊपर लिखें। जैसे—अगले 24 या 36 महीनों में मैं अपनी आमदनी दोगुनी कैसे कर सकता हूँ?

अब ख़ुद को अनुशासित करके कम से कम 20 अलग-अलग

जवाब लिखें। अपने जवाब में से एक को चुनें और उस पर काम शुरू कर दें। रिज़ल्ट देखकर आप दंग रह जायेंगे।

अभ्यास कार्य

आप अपनी सबसे कठिन समस्या या सबसे आकांक्षी लक्ष्य को लिखें और तब कल्पना करें कि समस्या का समाधान हो गया या लक्ष्य हासिल हो गया। समाधान या प्राप्ति कैसी दिख रही है? इस रिजल्ट को लाने के लिए आप तुरन्त क्या कर सकते हैं? याद रखें, कार्यवाही ही सब कुछ है।

सफलता

17

रहस्य

सही लोगों के साथ रहें

पाँच सालों में आप वही इन्सान रहेंगे सिवाय उन लोगों के लिए जिनसे आप मिलते हैं और किताबों के जो आप पढ़ते हैं।

—चार्ली जॉन्स

आपके जीवन में आपकी सफ़लता या ख़ुशी का पूरे 85 प्रतिशत इस बात पर निर्भर करता है कि आपके व्यक्तिगत या व्यवसायिक जीवन में अन्य लोगों के साथ कैसे सम्बन्ध हैं। आपके सम्बन्ध अन्य लोगों के साथ जितने

सकारात्मक होंगे आप जीवन में उतने ज़्यादा सफ़ल बनेंगे और उतने ज़्यादा ख़ुश रहेंगे और उतना ही आगे बढेंगे।

वास्तव में आपके जीवन के हर टर्निंग प्वाइन्ट पर कोई न कोई ज़रूर होगा, या तो आपकी मदद के लिए नहीं तो आपके जीवन में बाधा डालने के लिए। सफ़ल लोग अच्छे रिश्ते बनाने और निभाने की आदत डालते हैं। वो अच्छे लोगों से मेलजोल बढ़ाते हैं। परिणामस्वरूप वो उन लोगों से कही अधिक सफ़ल होते हैं जो हर रात घर जाकर टी॰ वी॰ देखते हैं।

हर चीज़ में सम्बन्ध की अहम भूमिका होती है। आपकी सारी समस्या गलत आदमी के साथ गलत सम्बन्ध बनाने का परिणाम होती है। और आपकी सफ़लता अच्छे लोगों के साथ अच्छे सम्बन्ध बनाने की। आप उनकी मदद करते हैं और वो आपकी।

आपकी 90 प्रतिशत सफ़लता निर्भर करती है आपके मेल-जोल पर। वैसे लोग जिनके साथ आप ज़्यादा समय बिताते हैं।

आप एक गिरगिट की तरह हैं। जिन लोगों के साथ आप ज़्यादातर समय रहते हैं, आप उनकी प्रवृत्ति, धारणा, स्वभाव का अनुसरण करते हैं। अगर आप एक सफ़ल इन्सान बनना चाहते हैं तो सकारात्मक लोगों के साथ मेल-जोल रखें। उनके साथ सम्बन्ध रखें जो आशावादी हैं, जिनके पास लक्ष्य हैं, जो जीवन में आगे बढ़ रहे हैं। निराशावादी लोगों से दूर रहें।

स्वनिर्मित करोड़पति हमेशा नेटवर्क बनाते हैं। वो उद्योग और कारोबार की हर मीटिंग में भाग लेते हैं। लोगों से मिलते हैं। ख़ुद को अन्य लोगों के साथ सम्पर्क में लाते हैं। सोशल जीवन बनाते हैं। औरों से उनके और उनके व्यवसाय के बारे में जानते हैं।

यहाँ एक बहुत अच्छी रणनीति है। जब भी आप किसी नये आदमी से मिले उनसे उनके व्यवसाय के बारे में बात करें। उनसे ख़ासकर वो बातें

पूछें जिनकी आपको ज़रूरत है और फिर जितनी जल्दी सम्भव हो उनके पास ग्राहक भेजें। हमेशा देने की सोचें। न कि लेने की। नेटवर्क बनाने का सबसे अच्छा तरीका है औरों को उनके व्यवसाय में मदद करना। उनसे वापसी की उम्मीद कभी न करें। आप जितना देंगे आपको उस जगह से उतना मिलेगा जहाँ से आपने उम्मीद भी न की होगी।

अभ्यास कार्य

अपने जीवन में वर्तमान और भविष्य दोनों के लिए जो सबसे महत्वपूर्ण लोग है उन्हें ढूँढ़ें। आप उनके या उनके काम के लिये क्या करेंगे कि वो भी आपकी मदद के लिए तैयार रहेंगे? आप बिना रिटर्न की उम्मीद किये उनके लिये क्या कर सकते हैं? याद रखें, आप पहले बोयेंगे फिर खायेंगे।

सफलता

18

रहस्य

अपने स्वास्थ्य का अच्छा खयाल रखें

सफ़लता की कुंजी एक स्वस्थ शरीर में स्वस्थ दिमाग़ है।

—थियॉडर रूज़वेल्ट

दीर्घजीवन और फिजिकल फिटनेस को ध्यान में रखकर देखा जाये तो हमलोग मानव इतिहास के सबसे अच्छे समय में जी रहे हैं। आज आप ज़्यादा जी सकते हैं और बेहतर जी सकते हैं।

आपको अच्छे स्वास्थ्य के साथ 80 या 90 या 100 साल जीने का लक्ष्य बनाना चाहिए। अगर आप ये निर्णय ले लें तो आप ये कर सकते हैं।

पहला, कम से कम 80 साल जीने का लक्ष्य बनायें। फिर अपने

आज के स्वास्थ्य सम्बन्धित चीज़ों को देखें। फिर ख़ुद से पूछें, जिस तरह से आप जी रहे हैं क्या ये तरीका आपको 80 साल की उम्र तक स्वस्थ रखेगा? दीर्घ, ख़ुशहाल और स्वस्थ जीवन जीने के 3 सूत्र हैं। पहला है सही वजन। अपने वजन को नियन्त्रण में रखने का लक्ष्य बनायें। और बाकी के जीवन में फिट रहें। वजन घटाने और शरीरिक फिटनेस के लिए 5 शब्दों का एक फार्मूला है, 'इट लेस एण्ड एक्सरसाइज मोर' (कम खाना और अधिक कसरत)।

दूसरा सूत्र है उचित सन्तुलित आहार। और उसका सूत्र है बेहतर खायें, कम खायें, प्रोटीन, फल, सब्ज़ी ज़्यादा खायें। अपने जीवन से मिठाई, कोल्डड्रिंक, कैंडी और चीनी वाले भोजन निकाल देना। अलग से नमक लेना बन्द करना और मैदा खाना बन्द करना। 3 बार ज़्यादा मात्रा में न खाकर 4 या 5 बार कम मात्रा में खायें। जब आप अपने खाने की आदत को नियन्त्रण में कर लेंगे तो जीवन के अन्य हिस्सों पर भी नियन्त्रण पा लेंगे।

दीर्घ आयु की तीसरा सूत्र है उचित व्यायाम। इसमें ज़रूरत है सप्ताह में लगभग 200 मिनट कठिन शारीरिक व्यायाम की। या औसतन 30 मिनट रोज़। आप सप्ताह में 3 से 5 दिन 30-60 मिनट तेज़ी से चलकर इसे पूरा कर सकते हैं। अगर आप वास्तव में सीरियस है तो आपको हेल्थ क्लब ज्वाइन करना चाहिए। या अपने घर में ही फिटनेस उपकरण लाना चाहिए और व्यायाम करना चाहिए।

बहुत अच्छे शरीरिक स्वास्थ और दीर्घायु का सूत्र है, अपने स्वास्थ्य के स्तर का स्पष्ट, ख़ास लक्ष्य बनाना, योजना करना और हर दिन उस पर काम करना। स्वास्थ्य का ये प्रण स्व-नियन्त्रण और स्व-अनुशासन माँगता है लेकिन इसका नतीजा भी असाधारण होता है। अगर आपका लक्ष्य दस लाख रुपये जमा करने का है तो स्वास्थ्य लक्ष्य होना चाहिए ज़्यादा

से ज़्यादा जीना ताकि आप अपने पैसे से जीवन में आनन्द प्राप्त कर सकें।

अभ्यास कार्य

उन स्वास्थ्य सम्बन्धी आदतों को जानें जो आपको स्वस्थ और स्फूर्तिदायक रहने के लिए ज़रूरी हैं। शायद, सारे स्वीट डिश एक साथ अलग कर देना। और तब इसे व्यक्तिगत चुनौती की तरह लें, जब तक कि आपको अच्छे सेहत की आदत पूरी तरह से न हो जाये।

सफलता

19

रहस्य

निर्णायक और कर्मठ बनें

तकलीफ़ों के समन्दर को बाँहों में भर लें और ये करते हुए उन्हें ख़त्म कर दें।

—विलियम शेक्सपियर

स्वनिर्मित करोड़पति के गुणों में एक ये है कि वो बहुत सावधानी, ध्यान से सोचते हैं और फिर शीघ्रता से निर्णय लेते हैं। वो ख़ुद को कार्यवाही के लिए अनुशासित करते हैं और उसे जारी रखने के लिए वो जल्दी आगे बढ़ते हैं और फीडबैक लेते हैं। अगर वो पाते हैं कि उनसे गलती हुई तो वो जल्दी से उसे सही करते हैं और कुछ और कोशिश करते हैं।

आपके लिए सफ़लता का सूत्र है कोशिश करना। सफ़ल लोग

निर्णायक होते हैं और वो अन्य लोगों से कहीं ज़्यादा कोशिश करते हैं। लॉ ऑफ प्रोबेबिलिटी के अनुसार अगर आप सफ़ल होने के लिए बहुत बार कोशिश करते हैं तो आप सही समय पर सफ़ल हो जायेंगे। असफ़ल लोग निर्णय नहीं ले पाते। उन्हें पता होता है कि उन्हें ये करना चाहिये या ये नहीं करना चाहिए लेकिन एक मज़बूत निर्णय लेना उनके चरित्र में नहीं है। या उनके पास संकल्प शक्ति नहीं है।

वो कभी आर्थिक स्वतन्त्रता हासिल नहीं कर पाते। वो उससे कहीं कम पाते हैं जितना कि उनके लिए सम्भव था।

जब आप निर्णायक बनते हैं, आप शीघ्रता से जीवन में चलते हैं। अन्य लोगों के मुकाबले आप एक दिन में कहीं ज़्यादा काम करते हैं। अपने आस-पास के लोगों से कहीं आगे बढ़ते हैं। आप ख़ुद को ज़्यादा ऊर्जा, स्फूर्ति और प्रेरणा में टैप करते हैं और ये आपको बहुत आनन्द देता है। और तब ये सकारात्मक ऊर्जा आपको आपके लक्ष्य की ओर तेज़ी से बढ़ाता है।

अभ्यास कार्य

ख़ुद से पूछें'वो क्या काम मैं अभी तुरन्त करूँ तो उसका मेरे नतीजे पर बहुत सकारात्मक प्रभाव पड़ेगा? इसका जवाब जो भी हो, उसे तुरन्त करें।

सफलता

20

रहस्य

असफ़लता को अपना विकल्प कभी न बनाये

डरने के लिए कुछ भी नहीं है डर के अलावा।

—फ्रैंकलिन डी. रूज़वेल्ट

असफ़ल होने का डर वयस्क जीवन में सफ़लता की सबसे बड़ा रुकावट है। याद रखें असफ़ल होने से आप और ज़्यादा मज़बूत बनते हैं। आपका संकल्प और भी दृढ़ हो जाता है। असफ़लता का डर या पहले से ही ख़ुद को असफ़ल मान लेना आपको अपंग बना सकता है। सफ़लता के रास्ते

में जाने से ये आपको पीछे खीचेंगे।

एक नौजवान जर्नलिस्ट ने एक बार आई.बी.एम. के संस्थापक थामॅस जे. वॉटसन सीनियर से पूछा, वो इतनी तेज़ी से इतने सफ़ल कैसे हो गये? वॉटसन ने इसका जवाब बहुत ही सुन्दर शब्दों में दिया, अगर आप तेज़ी से सफ़लता चाहते हैं तो अपनी असफ़लता का डर दोगुना कर दीजिये। सफ़लता असफ़लता के बहुत दूर रहती है। आगे बढ़ने का साहस करें। स्वनिर्मित करोड़पति हमेशा अपने लक्ष्य की दिशा में रिस्क लेने को उत्सुक रहते हैं। आपकी रिस्क लेने की प्रवृत्ति आपके धनवान होने की उत्सुकता का इन्डीकेटर है।

आपने जब भी रिस्की परिस्थिति का सामना किया है ख़ुद से ये सवाल करें, अगर मैं आगे बढ़ता हूँ तो सबसे ख़राब वो क्या चीज़ है जो हो सकती है और फिर जैसा स्वनिर्मित करोड़पति जे. पॉल गेट्टी ने कहा, 'ये जो भी है, ये नहीं होगा, आपको ये सुनिश्चित करना होगा।'

सच ये है कि सब लोग असफ़लता से डरते हैं। सब गरीबी और घाटे से डरते हैं। लेकिन स्वनिर्मित करोड़पति लगातार हिम्मत से इस डर का सामना करते हैं और हर हाल में कार्यवाही करते हैं। रैल्फ़. डब्ल्यू. एमर्सन ने लिखा, 'अपने जीवन में उन तमाम चीज़ों को करें जिससे आप डरते हैं। ऐसा करने से डर का मरना निश्चित है।'

जब आप हिम्मत से काम करते हैं, आपके अन्दर एक शक्ति आती है। हर काम आपका साहस बढ़ाता है। जब भी आप सफ़लता की आशा किये बिना आगे की दिशा में कदम बढ़ायेंगे, आपका भय ख़त्म हो जायेगा और आपका साहस और आत्मविश्वास बढ़ेगा। और आख़िरकार आप उस जगह पहुँच जायेंगे जहाँ आप किसी बात से नहीं डरेंगे।

शायद सबसे अच्छी पंक्ति फिल्म अपोलो 13 में यूजीन क्रांट से

आयी जो फिल्म में मिशन कंट्रोल के हेड हैं। जब उनके चारों तरफ लोगों ने ये सोचना शुरू किया कि सम्भवत: अन्तरिक्षयान और अन्तरिक्षयात्री डूबने वाले हैं तो उन्होंने जोर से उद्घोषणा की, 'असफ़लता विकल्प नहीं है।'

आपका काम है ख़ुद को वचन देना, स्वनिर्मित करोड़पति बनने का। आपका काम है ख़ुद के लिए लक्ष्य बनाना, उसे लिखना, और हर दिन उसके लिए काम करना। आपको ख़ुद को हर दिन ये याद दिलाना है कि हर समस्या या कठिनाई में, असफ़लता विक़ल्प नहीं है। ये आपको अन्य किसी चीज़ से ज़्यादा दीर्घकालीन सफ़लता की निश्चितता देगा।

अभ्यास कार्य

अपने जीवन के सबसे प्रमुख डर को जानें। जैसे'असफ़लता, छाँटा जाना, आलोचना और उस काम को करने का प्रण लें जैसे कि डर न हो। कल्पना करें कि अगर आप इस दिशा में काम करते हैं तो आपकी सफ़लता निश्चित है। तब इसे करें।

सफलता
21
रहस्य

दृढ़ता परीक्षा पास करें

दृढ़ता की जगह कोई नहीं ले सकता। प्रतिभा भी नहीं : प्रतिभाशाली लोगों के असफल हो जाने की कहानियाँ सबसे आम हैं। जीनियस भी नहीं : किसी जीनियस को उसका हक़ न मिलना अब तो एक कहावत बन गई है। शिक्षा भी नहीं : दुनिया बहुत शिक्षित लोगों से भरी पड़ी है। दृढ़ता और लगन ही सर्वशक्तिमान है।

—कैल्विन कूलिज

दृढ़ता चरित्र का अति बलशाली गुण हैं। जैसे स्टील के लिए कार्बन है ठीक वैसे ही चरित्र के लिए दृढ़ता। ये अत्यावश्यक गुण है। जीवन में सफ़लता के लिए यह महत्वपूर्ण है।

यहाँ सफ़लता और दृढ़ता का एक प्रमुख रहस्य है। अगर आप सफ़लता के रास्ते पर जाने के लिए काम कर रहे हैं तो अपने दिमाग़ को बाधा और निराशा के लिए पहले से तैयार कर लीजिये। आप पहले से प्रण कर लें कि चाहे जो भी हो आप हार नहीं मानेंगे। दृढ़ रहेंगे। जब आप कठिनाईयों और समस्याओं से पराजित हो जाते हैं, उस समय आपके पास दृढ़ता बनाने का पर्याप्त समय नहीं रहेगा। लेकिन अगर आप पहले से ही उन उतार-चढ़ाव के लिए तैयार रहेंगे जो टल नहीं सकता, तो जब आप उसका सामना करेंगे तो आप मानसिक रूप से तैयार रहेंगे।

अनुप्युक्त समय और कठिनाईयों का सामना करने के लिए दृढ़ता एक ऐसा गुण है जो अन्य किसी चीज़ से ज़्यादा आपकी सफ़लता को तय करेगा। ये आपकी प्रमुख व्यक्तिगत पूँजी हो सकती है। सही मायने में दृढ़ता ख़ुद पर आपके विश्वास और सफ़लता के लिए आपकी योग्यता का सही मापदण्ड है।

याद रखें, जीवन एक परीक्षा है। आपको आपकी सफ़लता के लिए दृढ़ता की परीक्षा देनी होगी। उसे पास करना होगा। और ये परीक्षा अक्सर अचानक आती है। ये कभी भी हो सकती है। और प्राय: उस समय जब आपने उम्मीद न की हो। ये वो समय है जब आप ख़ुद को और अपने आस-पास के लोगों को ये दिखाते हैं कि आप किस मिट्टी के बने हैं, आप क्या कर सकते हैं।

ग्रीक दार्शनिक इपिक्टेट्स ने एक बार लिखा था, **परिस्थितियाँ व्यक्ति को नहीं बनातीं।बनातीं। उनको तो व्यक्ति केवल महसूस करता है।**

आपके जीवन में एक चीज़ जो टाली नहीं जा सकती वो है बार-बार संकट का आना। अगर आप एक व्यस्त जीवन जी रहे हैं तो हर 2 या 3 महीनों में आप संकट का सामना करते हैं। इस संकट को टाला नहीं जा सकता। आपके पास जितना बड़ा लक्ष्य होगा, आपके सपने जितने बड़े होंगे, स्वनिर्मित करोड़पति बनने का जुनून जितना ज़्यादा होगा, आप उतने ज़्यादा संकट और समस्या का सामना करेंगे।

इस संकट को नियन्त्रण में करने का एक मात्र उपाय है संकट और कठिनाईयों में शान्ति से निपटना। और अच्छी ख़बर ये है कि आप इसे जितने धैर्य और सकारात्मक तरीके से निपटेंगे, आप उतने ही मज़बूत होंगे। और एक दिन आप उस जगह पहुँच जायेंगे जहाँ आपको सफ़ल होने से कोई नहीं रोक सकता। आप प्रकृति के एक बल की तरह हो जायेंगे। आपको कोई भी रोक नहीं पायेगा। आप ऐसे इन्सान हो जायेंगे जो कभी हार नहीं मानता, चाहे जितनी भी कठिनाई हो। आपके रास्ते में जो भी रुकावट आये, आप आगे बढ़ने का रास्ता ढूँढ़ लेगे। आप आगे की आरे बढ़ते रहेंगे।

अभ्यास कार्य

आज आप अपने जीवन में किस सबसे कठिन परिस्थिति का सामना कर रहे हैं? ये जो भी हैं, उसे ये मानें कि वो इस समय आपके पास आपको मूल्यवान सीख देने के लिए भेजा गया है ताकि आप भविष्य में और सफ़ल हो सकें। वो सीख क्या हो सकती है? अभी से हर कठिनाई या अपने पराजय में कुछ सीख ढूँढ़ने की कोशिश करें। ये आपको एक स्वनिर्मित करोड़पति बनने में मदद करेगा।

निष्कर्ष : सफ़लता अवश्यम्भावी है

मुझे इस किताब के सबसे महत्वपूर्ण सन्देश को दोहराने दें। सफ़लता का पूर्वानुमान हो सकता है। ये किस्मत की बात या घटना या सही समय सही जगह होना नहीं है। सफ़लता उतनी ही अवश्यंभावी है जितना कि ये सच कि सूरज पूरब में उगता है और पश्चिम में डूबता है। आपने जो बातें सीखीं, उन्हें अभ्यास करके आप जीवन में आगे की ओर बढ़ेंगे। आपको अश्चर्यजनक लाभ होगा। जो लोग इसे नहीं करते या इनके बारे में नहीं जानते, आप उनसे कहीं आगे रहेंगे।

अगर आप दृढ़ता से लगातार वो चीजें करते हैं जो सफ़ल व्यक्ति करते हैं, दुनिया में कोई भी चीज़ आपको रोक नहीं सकती। आप अपने भाग्य के निर्माता ख़ुद बनेंगे। आप अपने कर्म के कारीगर ख़ुद बनेंगे। आप अपने जीवन के चालक ख़ुद हैं। आप क्या कर सकते हैं उसकी कोई सीमा नहीं, केवल उस सीमा के जो आप ख़ुद अपनी सोच पर लगाते हैं।

याद रखें आप उतने ही अच्छे और सक्षम हैं जितने कि वो सफ़ल लोग जिनसे आप मिले हैं। आप एक बहुत ही अच्छे इन्सान हैं। आप जितना सोच सकते हैं उससे कहीं ज़्यादा काबिलियत है आपमें। आपकी सबसे बड़ी ज़िम्मेदारी हैं बड़े सपने देखना। जो आप चाहते हैं, बिल्कुल वही तय करें, उसकी योजना बनायें, इस पुस्तक में जो रहस्य सिखाये गये है उनका अभ्यास करें, अपने लक्ष्य और सपने की दिशा में रोज काम करें। प्रण लें कि आप हार नहीं मानेंगे। जब आप ये काम करें ख़ुद को भगवान की तरफ रखें। आपको कोई नहीं रोक पायेगा। आपकी सफ़लता कोई नहीं टाल सकता।

लेखक के बारे में

ब्रायन ट्रेसी एक पेशेवर ट्रेनर, वक्ता और परामर्शदाता है। वो ब्रायन ट्रेसी इण्टरनेशनल के अध्यक्ष हैं जो कैलिफोर्निया में स्थित ट्रेनिंग और परामर्श की कम्पनी है। वे एक स्वनिर्मित करोड़पति भी हैं।

ब्रायन ने कठिनाईयों से बहुत कुछ सीखा। स्कूल के बाद उन्होंने बिना ग्रेजुएशन किये सालों मज़दूर की तरह काम किया। बर्तन धोये, गड्ढे खोदे, फैक्ट्री में काम किया।

पच्चीस की उम्र में सेल्समैन बने और तब व्यवसाय की दुनिया में आगे बढ़ना शुरू किया। साल दर साल पढ़कर, और उन्हें जो नये सुझाव, तरीके और तक्नीक मिली उन्हें लागू कर वो 265 मिलियन डॉलर के डेवेलप्मेन्ट कम्पनी के चीफ ऑपरेटिंग ऑफिसर बने। अपनी उम्र के तीसरे दशक में उन्होंने यूनिवर्सिटी ऑफ़ अलबर्टा में दाखिला लिया और बी०कॉम की डिग्री ली। उसके बाद उन्होंने कोलम्बिया पेसिफिक यूनिर्विसटी से मास्टर्स की डिग्री ली। उन्होंने 22 अलग-अलग कम्पनियों और में काम किया। 1981 में उन्होंने देश में सेमिनार और टॉक्स में अपने सफ़लता के सिद्धान्त पढ़ाना शुरू किये। उनकी किताबें, आडियो और वीडियो कैसेट का 20 भाषाओं में अनुवाद किया गया है और उनका 38

देशों में इस्तेमाल किया जा रहा है।

ब्रायन का फोकस एक है। वो मानते हैं कि एक सामान्य (या उससे ऊपर) व्यक्ति के पास काफी अधिक क्षमता होती है। उनका मानना है कि अगर आप वो तकनीक, कार्यनीति और योजना का अभ्यास करते हैं जो पहले अन्य सफ़ल व्यक्ति कर चुके हैं तो आप अपने लक्ष्य की ओर कहीं ज़्यादा तेज़ी से बढ़ सकते हैं।

जब से ब्रायन ने पेशेवर रूप से बातें शुरू कीं, उन्होंने अपने सुझाव 23 देशों में 20 लाख लोगों के साथ बाँटे। उन्होंने सलाहकार और ट्रेनर के रूप में 500 से ज़्यादा कॉरपोरेशन में काम किया। इस किताब में उन्होंने हर सिद्धान्त को बताया है। उन्होंने ख़ुद को और अनगिनत लोगों को निराशा के जीवन से बाहर निकालकर सफ़लता और समृद्धि के जीवन में लाने का काम किया है।

ब्रायन ट्रेसी ख़ुद को एक इलेक्ट्रिक रीडर बुलाते हैं। वो ख़ुद को अकेडेमिक रिसर्चर नहीं बल्कि 'सिन्थेसाइजर ऑफ इंफोरमेशन' कहते हैं। वो घण्टों ऑडियो प्रोग्राम सुनते हैं, अनगिनत सेमिनार में जाते हैं और अपने पसन्द के विषय का वीडियो देखते हैं। अख़बार पढ़ते हैं। रेडियो, टी॰ वी॰ और अन्य मीडिया से प्राप्त ज्ञान उनके ज्ञान को और बढ़ाता है।

ब्रायन अपने सुझाव और जानकारी को, जो उनके अनुभव पर आधारित हैं उसे दूसरों के अनुभव के साथ सम्मिलित करते हैं। वो दर्जनों किताब के बेस्ट सेलिंग लेखक है जिनमें *मैक्सिमम अचीवमेंट* और *अडवांस सेलिंग स्टैटेज़िस* शामिल हैं। उन्होंने 300 से ज़्यादा ऑडियो और वीडियो प्रोग्राम लिखे हैं और उसे 20 से ज़्यादा भाषाओं में अनुवाद किया गया है और 35 देशों में पढ़ाया गया है।

ब्रायन शादीशुदा हैं। उनके 4 बच्चे है। वे सैन दियागो के गोल्फ़ कोर्स

पर रहते हैं। वो सालाना 100 से ज़्यादा समय सफ़र करते हैं, भाषण देते हैं और 17 देशों में व्यवसाय करते हैं। उन्हें दुनिया में सफ़लता और उपलब्धि के लिए सर्वश्रेष्ठ माना जाता है।

द मिलियनैर्स मेकर सेमिनार

क्या आप आर्थिक स्वतन्त्रता के लिए सीरियस हैं? ब्रायन ट्रेसी को 2 दिनों के लिये ज्वाइन करें, ये सीखने के लिए कि आप अपना पहला मिलियन कैसे बनायें।—और अधिक—इतनी अधिक शीघ्रता से जितना आपने सोचा न होगा।

इस बहुत ज़्यादा प्रसिद्ध प्रायोगिक सेमिनार में आप स्टेप-बाय-स्टेप प्रक्रिया सीखेंगे, आपके अन्दर की छुपी क्षमता को बाहर लाने के लिए, और अधिक पैसे बनाने के लिए और कर्ज से बाहर आने के लिए।

आप सीखेंगे कैसे आप अपनी आमदनी बढ़ायें, आपके खर्च कम कैसे हों, आपकी सेविंग कैसे बढ़े और आप आर्थिक रूप से स्वतन्त्र कैसे बनें। आप उन सारे प्रायोगित प्रमाणित तरीकों और कार्यनीति को सीखेंगे जो सारे स्वनिर्मित करोड़पतियों द्वारा इस्तेमाल किया गया है। आप सीखेंगे कि कैसे अपना व्यवसाय शुरू करें और उसे बढ़ायें। आपकी आमदनी बढ़ाने के बहुत से तरीके ताकि आप आर्थिक रूप से स्वतन्त्र हो पायें।

ब्रायन ट्रेसी ने अन्तिम 20 सालों में 23 देशों में 20 लाख लोगों से ज़्यादा व्यक्तियों को इन सिद्धान्तों को पढ़ाया है। इस मनोरंजक 2 दिन के अनुभव में आप आर्थिक सफ़लता के वो प्रमाणित तरीके सीखेंगे जो आपके जीवन को हमेशा के लिए बदल देंगे।

पूरी जानकारी या रजिस्टर करने के लिए, www.briantracy.com पर जाये और ''Millionaire Maker Seminar'' पर क्लिक करें।

ब्रायन ट्रेसी

वक्ता, ट्रेनर, सेमिनार लीडर

ब्रायन ट्रेसी दुनिया के टॉप पेशेवर वक्ताओं में एक हैं और वो हर साल यूनाईटेड स्टेट, यूरोप, एशिया और आस्ट्रेलिया में 30,000 लोगों का परिचयन कर रहे हैं।

ब्रायन के की-नोट, भाषण, वार्तालाप और सेमिनार को सूचनाप्रद, प्रेरक और मनोरंजक की तरह माना जाता है। उनके श्रोता में धनी 500 कम्पनी और हर साइज के व्यवसाय और संघ शमिल हैं।

ब्रायन को अपनी अगली मीटिंग या कॉनफ्रेटिंन्स में बुलाने के लिए आज फोन करें।

21वीं सदी की सोच—कैसे हटकर ज़्यादा सोचे, योजना करें और अपनी प्रतियोगिता को अच्छी कार्यनीति से करें और इस तेज़ी से बदलते व्यवसायिक माहौल में बहुत अच्छा रिजल्ट पायें।

अडवांस सेलिंग स्ट्रैटेजीस—कैसे कुछ हटकर सोचे, काम करें और ख़ास कार्यनीति को उपयोग में लाकर जो आधुनिक सेलिंग के लिए जाने जाते हैं अपनी प्रतियोगी से आगे बढ़े।

सफ़लता का मनोविज्ञान—टॉप लोग अपने व्यक्तिगत और व्यवसायिक जीवन में कैसे सोचते और काम करते हैं। बहुत अच्छे प्रदर्शन के लिए अनगिनत व्यावहारिक प्रमाणित तरीके और कार्यनीति।

नई सदी में नेतृत्व—सबसे शक्तिशाली नेतृत्व के सिद्धान्त को कैसे अपने जीवन में लागू करें बेहतर और शीघ्र परिणाम के लिए।

ब्रायन ने ध्यानपूर्वक आपके लिए वार्तालाप को रुचि के अनुसार बनाया है। और आपकी ज़रूरत को ध्यान में रखकर। कृपया 858/481-2977 पर आज फोन करें मुफ्त के प्रमोशनल पैकेज के लिए।